LA DICTADURA DE LOS BANCOS

El sistema financiero; actor y beneficiario de las grandes crisis del capitalismo

Jorge Zicolillo

LA DICTADURA DE LOS BANCOS

El sistema financiero; actor y beneficiario de las grandes crisis del capitalismo

CONJURAS

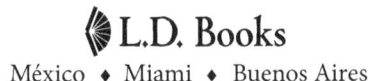

México ♦ Miami ♦ Buenos Aires

La dictadura de los bancos
© Jorge Zicolillo, 2013

D. R. © Editorial Lectorum, S. A. de C. V., 2013
Batalla de Casa Blanca Manzana 147 Lote 1621
C. P. 09310, México, D. F.
Tel. 5581 3202
www.lectorum.com.mx
ventas@lectorum.com.mx

    L. D. Books, Inc.
    Miami, Florida
    ldbooks@ldbooks.com

Primera edición: febrero de 2013
ISBN: 978-1502-555-304

Colección **CONJURAS**

D. R. © Portada e interiores: Mariel Mambretti

Características tipográficas aseguradas conforme a la ley.
Prohibida la reproducción total o parcial sin autorización escrita del editor.

Impreso y encuadernado en México.
Printed and bound in Mexico.

Introducción

A lo largo de los distintos tiempos históricos, y desde puntos de vista diferentes, los economistas han intentado desentrañar las razones por las cuales se producían las grandes crisis económicas, que por cierto se han desatado en la historia de la Humanidad.

Jean-Baptiste Say, Karl Marx, John Maynard Keynes, Friedrich von Hayek y Milton Friedman, entre otros, procuraron enumerar las causas por las cuales, cada cierto tiempo, una crisis de tal tipo, y de mayor o menor envergadura, se desataba sobre algunos o muchos países del globo.

Menos estudiadas, sin embargo, han sido las consecuencias políticas y sociales que las más grandes crisis produjeron.

De muchas maneras podría decirse que dichas conmociones anunciaron una nueva prefiguración del mundo. Las relaciones políticas, las hegemonías planetarias y hasta determinados preceptos ideológicos saltaron por los aires o, al menos, se transformaron sustancialmente.

A la gran crisis de los años 20 y 30 le sucedió el advenimiento de los nazifascismos en Europa, la Segunda Guerra Mundial y las dictaduras militares y los nacionalismos en América Latina.

A la crisis económica que produjo la Segunda Guerra Mundial, la coronaron los acuerdos de Bretton Wood, con la creación del FMI, el Banco Mundial, y con el dólar como moneda de cambio internacional. En los hechos, era el nacimiento de una nueva potencia mundial, Estados Unidos, que desplazaba de la escena al imperialismo británico y traía consigo nuevos conceptos sobre la modernidad y la dependencia.

La llamada Crisis del Tequila, en México, como punta del iceberg de lo que sería la crisis del sudeste asiático, anunciaba un fuerte recambio político y de paradigmas en todo el sur de América, que habría de romper con el modelo neoliberal imperante y haría regresar a los Estados como mediadores entre el mercado y las necesidades sociales.

Por fin, la Crisis de las Sub Prime, que nació en Estados Unidos pero estalló con virulencia en Europa, abre aún hoy enormes signos de interrogación respecto de cómo seguirán las cosas en el Viejo Continente.

Quebrado el tradicional modelo de representación en varios países de la "zona euro", reemplazadas las decisiones soberanas de los Estados por un comando supranacional radicado en Bruselas (que responde, casi con exclusividad, a los intereses del aparato financiero) y envueltas las sociedades en desocupación, empobrecimiento e incertidumbre, el desenlace es imprevisible.

Sin embargo, es improbable que, pasado el temporal, las cosas en Europa vuelvan a ser como antes.

Los movimientos de "indignados" que no sólo crecen en el Viejo Continente sino que echan raíces en países del norte de América Latina, como México, por ejemplo, difícilmente puedan ser encauzados sin una profunda respuesta política, que modifique sustancialmente la relación entre los Estados y las sociedades.

A tan sólo doce años desde el momento en que el Consenso de Washington comenzó a regular las políticas económicas que debían llevar a cabo el resto de los países del globo, el paradigma se hizo añicos.

Hoy, recomendaciones tales como "liberalización financiera, especialmente de los tipos de interés", "desregulación de los mercados", "eliminación de las barreras a las inversiones extranjeras directas" o "disciplina presupuestaria y reordenamiento de las prioridades del gasto público" parecen ser más parte del problema que de la solución.

Sin embargo, la dirigencia política europea, por ejemplo, que debe afrontar hoy los efectos más dramáticos de la crisis, se muestra incapaz de recorrer otros senderos que no sean los ya caminados, lo que no hace más que agravar la parálisis económica, con su secuela de enorme daño social.

Para apelar a términos económicos, intentaremos hacer un pequeño y muy sumario inventario histórico, esbozar un pequeño balance de la situación y dejar así allanado el camino para quien pueda trazar una necesaria perspectiva.

Capítulo 1
Todo verdor perecerá

> "La crisis se produce cuando lo viejo no acaba de morir, y cuando lo nuevo no acaba de nacer."
>
> Bertolt Brecht

La especulación financiera no es un fenómeno reciente; al menos no es patrimonio del capitalismo posmoderno. En 1620, la locura y el despropósito se introdujeron en Holanda camuflados con el ropaje de una flor; para colmo, sin aroma, sin aplicación práctica en la vida cotidiana de los hombres y que apenas florece dos semanas al año: el tulipán.

Llegado desde Turquía, el involuntario protagonista de una gravísima crisis económica comenzó a florecer en los jardines imperiales vieneses allá por 1544, y fue de la mano del botánico Carolus Clusius que, en 1593, los primeros bulbos de tulipán se hundieron en las fértiles arenas holandesas para asombro, admiración y goce de los ciudadanos más adinerados.

La extraña flor, empero, se las traía.

A los primeros ejemplares monocromáticos, pronto comenzaron a sucederles otros de variados colores, producto de un virus que los atacaba y, a la vez, los convertía en un objeto de belleza incomparable, al menos para los holandeses del 1600.

Muy pronto, para aristócratas y burgueses, poseer tulipanes en los jardines de sus residencias se convirtió en un inequívoco signo de refinamiento, riqueza y sensibilidad artística. La belleza de los ejemplares se valoraba más que la de cualquier logro artístico de la época. El precio de los bulbos, entonces, comenzó a aumentar geométricamente.

En un mercado en el que por supuesto los tulipanes no abundaban, quienes podían cultivarlos rápidamente se vieron desbordados por clientes ansiosos, que morían por exhibir en sus jardines la más exótica y recién llegada variedad.

Las flores de la ira

Hacia mediados de 1623, cuando la fiebre por el tulipán comenzaba a evidenciar la rara locura desatada entre los más acaudalados sectores holandeses, la especulación ya exhibía su peor cara. Los bulbos cotizaban a la friolera de mil florines, algo así como la suma de los salarios promedio de nueve años.

Para campesinos y agricultores sembrar cualquier otra cosa que no fuesen tulipanes era un despropósito. Con todo, y aunque la flor ya se dejaba ver en casi todo el país, los precios no dejaban de subir. Una información de la época daba cuenta de que, en 1635, un atado de cuarenta bulbos de tulipanes se había pagado cien mil florines. En esos años, un trabajador promedio ganaba unos veinte florines mensuales.

Quienes habían entrado temprano en el negocio de la especulación cuando se desató la "tulipanomanía" amasaban ya grandes fortunas, mientras que los rezagados comenzaron a tomar deudas buscando montarse a tiempo al tren de la riqueza. Los clientes, en tanto, hipotecaban sus residencias para hacerse con los preciados bulbos que, en 1636, producto de la epidemia de fiebre amarilla que se desató en Europa y que diezmó a gran parte de la población, volvieron a dar un salto en su cotización, ya que no había suficientes campesinos para garantizar su cultivo.

Escaseaba la flor, y como la demanda crecía, los especuladores decidieron canalizar los requerimientos a través de un mercado a futuro: se vendía hoy lo que habría de cultivarse tres o cuatro meses más tarde.

Las fortunas se concentraban cada vez en menos manos dañando la marcha de la economía en general, por lo que ocurrió lo previsible.

El 6 de febrero de 1637, un aristócrata, agobiado por las deudas, puso en venta medio kilo de bulbos a precio de remate: 1,250 florines. Pero no encontró compradores.

La burbuja se había pinchado repentinamente, la noticia corrió como una mancha venenosa, y miles de propietarios de bulbos salieron a vender lo que ya pocos querían comprar. Los tenedores habían contraído gigantescas deudas que, al menos con las flores, no podrían pagar.

Las bancarrotas en dominó sumieron a Holanda en una profunda crisis económica. Y ésta asolaría al país durante varios años, con un doloroso costo social. Sería la más "colorida" del sistema capitalista pero, desde luego, no la única.

Ni Newton pudo preverlo

El término *burbuja financiera* no apareció, sin embargo, en la Holanda de 1630, sino casi cien años después, en Gran Bretaña, en tiempos en que el tesoro del Reino estaba exhausto como producto de las guerras y de una pésima política colonial.

En 1711, la Corona británica había emitido tal cantidad de deuda pública que muchos de los inversores comenzaron a dudar de la capacidad de pago que tendría el Gobierno a la hora de cancelar los bonos. Era imprescindible restaurar la confianza si se quería evitar un derrumbe económico de proporciones, y la solución llegó de la mano del acaudalado conde de Oxford, Robert Harley, quien ese año había fundado una empresa naviera a la que, con vocación de amplitud, llamó The South Sea Company, o sea: "Compañía de los Mares del Sur".

Harley, que además de millonario era el jefe *tory* en el Parlamento, tejió un acuerdo con el Gobierno que parecía justo y beneficioso para ambas partes. Alrededor de diez millones de libras en bonos de tesoro fueron cedidos por sus tenedores a cambio de acciones de la flamante compañía; acciones que habrían de pagar un interés de 6% anual, rendimiento más que apetecible entonces, sobre todo frente a un tesoro exánime. A cambio, Harley le exigía a la Corona que su compañía dispusiese del monopolio del comercio con las colonias españolas. Así se hizo. Y por si fuera poco, el Gobierno le concedió a la compañía

17

una renta perpetua de 576,534 libres anuales, a distribuir en calidad de dividendos entre los accionistas.

El acuerdo *a priori* parecía augurarle a la flamante naviera un buen futuro, a condición, claro, de que fuese capaz de burlar con éxito las previsibles barreras que habrían de alzar los monopolistas de Cádiz.

La primera incursión a las colonias ultramarinas de España se realizó en 1717 y con resultados penosos. Un suceso especial influyó en la magra cosecha de la Compañía de los Mares del Sur.

Ese año se desató la Guerra de la Cuádruple Alianza (1717-1721), y la frágil relación amistosa entre Inglaterra y España se fue inevitablemente a pique. Los puertos de las colonias españolas se cerraron para las naves británicas. El comercio con ellas que, sin mediar la guerra ya hubiese sido dificultoso, en esa situación se tornó casi imposible. Sólo el trabajo de los contrabandistas posibilitó algunas ventas.

La euforia de quienes habían comenzado a comprar acciones de la naviera se debilitó, pero una excelente jugada del conde de Oxford mantuvo a flote las expectativas respecto del futuro de su empresa. Harley argumentó que la magra cosecha era producto de una situación coyuntural, que en el largo plazo la inversión seguiría siendo altamente redituable y, para probarlo, volvió a comprar otros diez millones de libras en deuda, a cambio de acciones de su compañía.

Tres años más tarde, la proximidad del fin de la guerra y la capacidad del Conde para influir en la política doméstica llevaron a la Compañía de los Mares del Sur al estrellato.

A caballo del rumor (¿generado por los *tory*?) de que España aceptaría abrir el comercio de sus colonias a cambio de que Gran Bretaña le devolviese el peñón de Gibraltar, y de un proyecto de ley según el cual la naviera de Harley compraría el total de la deuda pública si el Gobierno continuaba otorgándole el monopolio comercial con las colonias ibéricas, el precio de las acciones de la compañía saltó de ciento veintiocho libras a quinientas cincuenta, en sólo cuatro meses.

La frutilla del postre llegó cuando se supo que, efectivamente, el Gobierno le había renovado la exclusividad comercial con las colonias a la Compañía de los Mares del Sur. El precio de la acción voló hasta las ochocientas noventa libras.

Lo curioso era que, hasta ese momento, ni la naviera de Harley ni sus competidoras, que marginalmente se vieron también favorecidas por la fiebre especulativa, habían producido las ganancias que se prometían. Sólo sueños, avidez y promesas inflaban la burbuja.

Legítimamente preocupado por la bola de nieve especulativa que se había desatado, el Parlamento británico promulgó una ley a la que se conoció como Acta de la Burbuja (Bubble Act), que prohibía, lisa y llanamente, esas inversiones especulativas, aunque dicha prohibición no regía si las libras iban a las acciones de la naviera de Harley.

Si bien las limitaciones legales olían a maniobra política, a los parlamentarios no les resultó difícil explicar las diferencias entre empresas que aseguraban poder producir metales preciosos a partir del mercurio, o generar luz solar artificial procesando de una cierta manera los pepinos, con una naviera que, en efecto, exhibía un plan de negocios reales.

Para entonces, el precio de las acciones de la Compañía de los Mares del Sur tocaba las mil libras.

Sin embargo, pese a la cobertura legal de la que dispuso la naviera, la ley funcionó como una suerte de alarma para los especuladores, que rápidamente intuyeron que la ilusión pronto habría de desvanecerse, y en tropel comenzaron a desprenderse de las acciones antes de que su precio comenzase a declinar.

En menos de un mes, el valor de las acciones pasó de mil a doscientas libras, y sesenta días más tarde ya estaba en ciento veinte libras cada una.

Las consecuencias del *crack* de 1720 (como también se conocería al sacudón) fueron devastadoras. La furia de los inversionistas incautos obligó a que el Parlamento se disolviera, y los directores de la naviera, acusados de fraude, fueron enviados prisioneros a la Torre de Londres y se les confiscaron los bienes. El desastre financiero acabó con miles de fortunas y hasta con los sueños de los pequeños ahorristas.

Acudiendo a una imagen que exime de comentarios, el antropólogo social español Imanol González Paradela inicia así su artículo sobre el *crack*:

"Isaac Newton debió mirar varias veces hacia el papel que le entregaba la temblorosa mano de su andante. Aquella hoja era el resumen de su situación financiera. Las siete mil libras de plusvalía se habían esfumado, y con ellas otras veinte mil libras más, la mayor parte de su capital.

Nunca se repuso de aquella pérdida económica y no sabemos si la frase fue un acto de ironía, producto de su inteligencia, o la reflexión dramática ante lo sucedido: 'Puedo calcular la trayectoria de los cuerpos celestes en centímetros y segundos, pero soy incapaz por completo de predecir la locura de una cotización en Bolsa'".

Caer y cambiar

El capitalismo como tal comenzó a mediados del siglo XVI; o sea, algunos años luego del *crack* en Inglaterra y más de un siglo después de la "tulipanomanía". La especulación, que se montaría sobre las nuevas relaciones económicas y laborales, venía ya desde muchísimo más lejos y pronto ganaría credenciales de legitimidad en el flamante sistema.

Se suele decir, y no sin razón, que para los griegos las crisis significaban cambios, transformaciones, nuevas oportunidades y que, por lo tanto, las festejaban. Para el hombre de la Edad Media, en cambio, cada una de ellas era una suerte de reprimenda divina y sólo Dios podía erradicarla; a los imperfectos humanos sólo les quedaba rezar para que el Señor se apiadase de los incautos.

Por el contrario, para los flamantes capitalistas las crisis de la economía −en tanto ésta pasó a ser el nuevo centro del Universo− eran tragedias que sólo a los hombres podían imputárseles. Se trataba, entonces, de salir lo más indemne posible en lo individual, cargando los mayores costos y daños en las espaldas de los semejantes. De las crisis solían emergen nuevos pobres y nuevos ricos, y aquello también era parte del juego del sistema.

Cuando Karl Marx, frente a la crisis que desató en Inglaterra en 1825, afirmó que aquélla era la primera del capitalismo pero que periódicamente habrían de repetirse, varios economistas se animaron a estimar entre siete y doce años el plazo que mediaría entre un colapso económico y otro, porque en definitiva eso era el capitalismo: una sucesión de ciclos expansivos y de ciclos recesivos.

La realidad probó que, en efecto, el capitalismo habría de desarrollarse a partir de esa sucesión, y a los economistas les quedó la tarea de formular hipótesis respecto de cómo se podría si no suprimirlos, al menos sostener la mayor cantidad de tiempo los expansivos, y acotar en todo lo posible los colapsos. Marx pensaba que, por el contrario, las crisis habrían de sucederse cada vez más próximas una de la otra y con mayor intensidad. Ése era, según su forma de ver, el germen que el propio capitalismo portaba, y el que habría de destruirlo.

El tiempo no le dio la razón, aunque tampoco los economistas hallaron fórmulas para que el sistema pudiese preservarse del flagelo. Pero un interrogante flota desde aquellos lejanos tiempos: ¿necesita el capitalismo padecer estas crisis para reformularse y subsistir?

Eric Hobsbawm, uno de los mayores historiadores contemporáneos, hablando de la crisis económica de entreguerras, ilustra:

"En efecto, si no se hubiese producido la crisis económica, no habría existido Hitler y, casi con toda seguridad, tampoco Roosevelt. Además, difícilmente el sistema soviético habría sido considerado un antagonista económico del capitalismo mundial y una alternativa a éste. Las consecuencias de la crisis económica en el mundo no europeo, o no occidental [...] fueron verdaderamente dramáticas. Por decirlo en pocas palabras, el mundo de la segunda mitad del siglo XX es incomprensible sin entender el impacto de esta catástrofe económica".

La pregunta sería, entonces: ¿son las crisis económicas un motor indispensable para que el capitalismo pueda ir transformándose, acomodándose a la evolución de la Humanidad y, consecuentemente, lograr sobrevivir por ya casi cinco siglos? Si la respuesta, como parece, es afirmativa, el siguiente interrogante giraría en torno de qué clase de crisis son las que funcionan como motor histórico, y cuáles sólo responden a los ciclos del capitalismo sin modificar demasiado la configuración del mundo.

Una conclusión parece obvia: fue la extensión y profundidad del descalabro económico lo que determinó cambios políticos, sociológicos y hasta económicos-financieros en el mundo.

Pero hay más. Las crisis, como dice Jorge Beinstein, suponen un tiempo de decisión en que el sistema opta: o se reconstituye o decae. Pero esa opción nunca pasa solamente por lo económico. Según el economista argentino:

"En la base de esta opción está el fondo cultural que predispone hacia un comportamiento u otro, la cultura no como *stock*, como patrimonio inamovible, sino como evolución, como dinámica de seres vivientes que incluye espacios de creatividad reformista o revolucionaria y espacios de rigidez, de conservadurismo letal. En ese sentido 'la crisis propone pero la cultura dispone' (Le Roy Ladurie, 1976)".

Así, a las respuestas económicas que se le den a la crisis habrá que sumarle, inexorable y prioritariamente, la respuesta social y consecuentemente política. Más aún: el sendero económico que se adopte para escapar del marasmo será el que la sociedad elija o al menos tolere, y el que los dirigentes pongan en práctica.

He allí la gran encerrona por la que hoy atraviesa parte de Europa, con dirigentes que fuerzan una respuesta económica que la sociedad parece no tolerar. Ésa sería la opción hacia la decadencia, siguiendo a Beinstein. Huir hacia adelante sin transformar lo que se deba transformar supone montar una bomba difícil de desactivar luego.

Por último, habrá que incorporar, también dentro de este análisis, un concepto que nuestro autor introduce y que vale la pena observar con cuidado: el del "capitalismo senil". Conceptualmente, algo similar a lo que de manera inorgánica levantan como bandera los diferentes grupos de Indignados que hoy alzan sus reclamos en distintos países del mundo.

¿Marcha el capitalismo, esta vez, hacia la decadencia y no hacia una nueva reconstitución?

Capítulo 2
SALVAVIDAS DE ORO Y DE PLOMO

> "Todas las naciones en los apuros de sus rentas han aprobado el arbitrio de los empréstitos, y todas han conocido a su propia costa que es un recurso miserable, con que se consuman los males que se intentaban remediar."
>
> Mariano Moreno, político argentino, en 1809

En las primeras horas de la tarde del domingo 21 de septiembre de 1873, el presidente de Estados Unidos, general Ulysses Grant, y su secretario del Tesoro, William Richardson, atravesaron el *hall* del Fifth Avenue Hotel de Nueva York, y marcharon hacia una de las *suites* en la que los esperaban banqueros, industriales y agentes de Bolsa.

El presidente y su colaborador habían viajado desde Washington en forma urgente porque el día anterior (la Bolsa trabajaba los sábados), Wall Street se había sumido en un marasmo que amenazaba barrer con toda la economía estadounidense. El día viernes, dos de las mayores operadoras de Bolsa, Union Trust Company y Nacional Trust Company, habían suspendido toda operación financiera, abrumadas por una presión vendedora incontrolable.

Al caer la noche, todos los integrantes del cónclave abandonaron el hotel sin responder una sola pregunta de las muchas que disparaba la nube de periodistas que aguardaba en el *hall*. El lunes por la mañana, William Richardson abrió un enorme grifo a través del cual miles y miles de dólares viajaron desde el Tesoro de Estados Unidos hasta las exhaustas cajas de los principales bancos estadounidenses. Al atardecer, una cierta sensación de calma planeaba sobre "el mercado".

La sensación no era la misma para la gran franja de obreros que había quedado desocupada.

Vías muertas

El primer síntoma del vendaval que se aproximaba había aparecido muy lejos de Nueva York, al otro lado del Atlántico. En mayo de ese año se desmoronó la Bolsa de Viena y pocos días más tarde el pánico ya había viajado a Italia, Alemania y otros países de Europa, donde grandes entidades bancarias entraron en colapso o quedaron al borde de éste. Sin embargo, el dato más relevante fue la abrupta caída de un negocio que, hasta poco tiempo antes, había sido el gran imán para inversores y especuladores: el ferroviario.

Los ferrocarriles habían entrado en escena varios años antes de la crisis y pronosticaban lo que habría de ser no sólo una nueva etapa del joven capitalismo, sino el primer síntoma de una globalización de los mercados.

En algo más de diez años, miles de kilómetros de vías férreas se habían construido en Estados Unidos y en Europa. Algo así como doscientos mil nuevos kilómetros de rieles cruzaban Europa y el norte de América, abriéndole la puerta a un nuevo tiempo histórico. El capitalismo comenzaba a reconfigurarse, pero también lo hacían las hegemonías. Sin embargo, la crisis financiera y bursátil, que llevó a la contracción del precio de las acciones de las empresas ferroviarias y casi congeló el crédito, obligó a que éstas suspendieran sus proyectos de ampliación de tendido, generando una fuerte ola de despidos entre sus trabajadores, tanto en Estados Unidos como en Europa.

En dominó, junto con el desempleo y la recesión económica, centenares de bancos en el mundo se declararon en bancarrota, y ni siquiera los países de América Latina y del antiguo Imperio Otomano quedaron a salvo de la debacle financiera. Al retraerse el flujo de capitales desde los centros financieros hacia los países periféricos, muchos de ellos entraron en lo que habría de ser la primera "crisis de deuda externa". Por añadidura, el precio de la materia prima que la mayoría de ellos exportaba y que en buena medida sostenía a las diversas economías de la periferia, se desmoronó al achicarse notablemente el consumo tanto en Europa como en Estados Unidos.

La Gran Depresión, como se la denominó, habría de extenderse hasta 1879 y, aunque no muchos lo advirtieron entonces, era la consecuencia de lo que más tarde se conoció como la Segunda Revolución Industrial. El capitalismo iniciaba una nueva fase con la aparición de tecnologías e industrias inexistentes hasta el momento. El ferrocarril era el gran emblema, pero desde mediados de siglo habían comenzado a irrumpir la industria electrónica, la química y las empresas automotrices como profundas transformadoras de la industrialización que existía hasta el momento.

La radio, el teléfono, la refrigeración y nuevos combustibles como el gas y el petróleo oficiaron como fuertes factores democratizantes respecto de lo que había sido la Revolución Industrial, que se concentró casi exclusivamente en Gran Bretaña. Ahora, en cambio, emergían países como Estados Unidos, Japón y otros Estados europeos como Alemania, Italia y Francia compitiendo con el Reino Unido en el mercado internacional de las manufacturas. La propia América Latina comenzó a intentar tímidamente la industrialización.

Pero la Segunda Revolución Industrial que, paradójicamente, engendró la Gran Depresión no sólo abrió terreno en áreas de la industria logrando aleaciones entre metales a los que antes se consideraba de poca utilidad, como el níquel, el zinc, el aluminio y el cobre, por ejemplo, sino que daría un primer gran salto en la historia de la Medicina (se halló la cura de la tuberculosis, la difteria y la vacuna contra la rabia, entre otros avances), prolongando la expectativa de vida de los seres humanos.

Curiosamente, este proceso que para los historiadores se inició en 1870 habría de culminar en 1914, año en el que comenzó la Primera Guerra Mundial y, también, una nueva y profunda crisis económica.

Producción en serie y *belle époque*

La crisis en 1873, al igual que todas las grandes crisis económicas a lo largo de la historia, fue la "partera" o el preámbulo de una fuerte transformación política, económica y social.

Hasta los años 70 del siglo XIX, el capitalismo se definía básicamente por el libre mercado y la supremacía de los emprendimientos y los proyectos individuales. Desde la crisis, y hacia adelante, reinaría lo que habría de conocerse como *capitalismo de concentración* o *capitalismo monopolista*. Ya no eran fundamentalmente los individuos quienes definían las iniciativas y los mercados, sino que serían los Estados los que comenzarían a supervisar el desarrollo, a procurar la menor competencia posible entre empresas de un mismo país, alentando y favoreciendo el monopolio y renegando, en los hechos, del libre mercado.

Se inició entonces una batalla entre los países para ganar mercados exteriores, estableciendo una suerte de nuevo colonialismo sobre los países menos desarrollados.

En dicho marco, por supuesto, aparecerían nuevos modos de producción que habrían de reemplazar definitivamente a los que habían comenzado tras el descubrimiento de la máquina a vapor.

Frederick Taylor, proponiendo que cada obrero participase sólo en una pequeña parte del proceso productivo, le abrió la puerta a la línea de montaje que lograba disminuir el tiempo total que insumía completar el armado final de un auto, por ejemplo. Así, la mecanización, que requería menos mano de obra, y el armado en serie, que aumentaba la cantidad de productos terminados en la misma cantidad de tiempo, introducirían el desempleo, no ya como consecuencia de una crisis, sino como factor constitutivo de la nueva etapa capitalista.

El taylorismo sumó un elemento crucial para la búsqueda de rentabilidad como objetivo fundamental del capitalismo monopolista: en la medida en que cada obrero debía realizar sólo una pequeña parte en el proceso total de producción, su tarea era menos calificada y, en consecuencia, la remuneración a pretender (y efectivamente recibida) era menor.

Pero la Segunda Revolución Industrial (algunos de sus efectos viajaron más allá de Europa, Estados Unidos y Japón) produjo una nueva configuración del mundo en el que, a partir de entonces, existirían dos bloques bien diferenciados: los países industrializados y los subdesarrollados, dando inicio a un proceso de dependencia entre los unos y los otros.

Para las nuevas potencias industriales (Estados Unidos, Alemania y Japón, fundamentalmente) ya no era necesario acudir a la invasión territorial para hacerse con las riquezas de otros países. La desigualdad en los términos de intercambio sería suficiente para que los ricos fuesen cada vez más ricos y los pobres, cada vez más pobres.

Pese a todo, para las potencias europeas emergentes de la Segunda Revolución Industrial la dominación económica resultaba insuficiente, y se lanzaron a establecer modelos imperiales, fundamentalmente en África y Asia. Y allí anidará el germen que habrá de desembocar en la Primera Guerra Mundial o la Gran Guerra, con las potencias imperialistas disputándose entre sí las respectivas colonias.

Por fin, el último elemento que alumbró la Gran Depresión fue la aparición de un medio de pago que habría de contribuir notablemente a perfeccionar el funcionamiento de esta primera globalización: el patrón oro.

Hasta entonces, sólo Gran Bretaña utilizaba el oro como unidad monetaria. La crisis haría que otros muchos países, y rápidamente, se sumasen a un sistema monetario que permitiera utilizar a cada Estado su propio papel moneda, a condición de que éste representase una cierta cantidad de oro a la que debía ser convertido cada billete, si eso le fuera demandado.

Así, cada país debía cuidar celosamente la emisión de billetes para que la masa monetaria estuviese perfectamente respaldada por su equivalente en "metálico", si no quería sufrir una peligrosa fuga de sus reservas de oro.

La adopción del patrón oro, como consecuencia de la crisis de 1873, no sólo eliminó casi por completo cualquier proceso inflacionario, sino que dotó al comercio internacional de un tipo de cambio fijo, barriendo con cualquier controversia en torno a las divisas.

Los años de depresión, desempleo y bancarrotas que siguieron al *crack* de 1873 desembocaron, en virtud de la nueva fase capitalista que estaban alumbrando, en dos décadas de bonanza, crecimiento y bienestar tales, que a dichos decenios se los conoció como la *belle époque*. Un tiempo en el que el progreso de la tecno-

logía, la ciencia y la abundancia material mejoraron considerablemente la vida de los ciudadanos de todas las capas sociales.
En Europa reinaban la paz, los cabarets, las galerías de arte, y emergía con fuerza una pequeña burguesía dispuesta a consumir sin límites. La cornucopia de la superproducción de bienes parecía, entonces, inagotable.

Patrias nuevas, mercados nuevos

Cincuenta años antes del *crack* financiero de 1873, Gran Bretaña acababa de convertirse en la primera potencia mundial tras haber logrado derrotar a Francia y a Napoleón Bonaparte en los campos de Waterloo, en 1815.

Durante los años de la guerra, y con el objetivo de financiar el conflicto, el Tesoro británico emitía bonos cuya suscripción compensaba a una tasa anual de 6%, lo que suponía un jugoso dividiendo para financistas y especuladores.

Pero acabada la guerra, aquellas libras que el Tesoro aspiraba con desesperación dejaron de ser necesarias. Ya no había batallas de envergadura ni gigantescos ejércitos en movimiento a los que abastecer.

El Tesoro no sólo redujo considerablemente el rendimiento de los bonos sino que, incluso, puso en marcha un plan de precancelaciones de deuda.

Un lucrativo negocio financiero había llegado a su fin.

Pero, al otro lado del Atlántico, un conjunto de colonias españolas estaba a punto de (o ya había logrado) independizarse del Reino de España. Inglaterra formalmente condenaba los procesos independentistas, pero en los hechos los había alentado y apoyado con armas y dinero, porque le aseguraban mercados potenciales. Y por aquellos días ya había establecido fuertes lazos con quienes serían los gobernantes de los flamantes Estados independientes.

Y si ya nadie en Londres pagaba excelentes intereses por las libras que abundaban, era imprescindible buscar nuevos tomadores allende el Atlántico.

Así, en los primeros años de la década del 20 del siglo XIX, nacía un negocio financiero especulativo y de tan larga duración que habría de sacudir al mundo entre 1990 y 2000, pero que lanzó su primer zarpazo en 1890, con el colapso de la deuda de los países emergentes.

La rapaz mirada que los financistas británicos lanzaron sobre las ex colonias españolas no se explicaba solamente por su ansia especulativa inmediata; varios factores confluían para que pingües ganancias llegaran desde tan lejos.

Por una parte, la Corona se proponía monopolizar el nuevo mercado que se abría, condicionando por la vía de la deuda a los nuevos Estados independientes, con lo cual, sería el propio Gobierno británico quien respaldara a los prestamistas. Por otro, las largas y costosas guerras por la independencia se habían devorado buena parte de los recursos económicos de países que necesitaban reconstruirse, y los empréstitos parecían, *a priori*, un buen camino para lograr su objetivo.

Por último, los británicos sabían que ellos más que nadie contaban en esos flamantes países independientes con un puñado de "interlocutores confiables", ubicados en puestos claves de los nuevos Gobiernos. Aquello no podía fallar, y no lo hizo.

Buenos negocios

Entre 1822 (Colombia, Chile, Nicaragua y Perú) y 1824 (México, Argentina y Colombia nuevamente), sumando los últimos empréstitos pactados en 1826, Gran Bretaña había colocado en América Latina préstamos por veintiún millones de libras, de los cuales sólo había desembolsado, efectivamente, siete millones. Haber apoyado la "libertad" de los nuevos países no parecía mal negocio.

La brutal especulación financiera, cuya operatoria se repetía casi en espejo en todos los países deudores, tuvo, sin embargo, su punto cumbre en Argentina, cuando el gobierno de Martín Rodríguez, con Bernardino Rivadavia como ministro de Gobierno y Relaciones Exteriores, pactó con la casa Baring Brothers, de

Londres, un empréstito por un millón de libras esterlinas, de las cuales sólo recibió quinientas setenta, básicamente en letras de cambio de casas comerciales británicas radicadas en Buenos Aires. En oro, el Gobierno argentino apenas obtuvo una ínfima parte: 20,668 libras.

En 1904, cuando finalmente Argentina canceló el total de la deuda con la Baring Brothers, había pagado catorce millones de libras esterlinas.

Sin embargo, como ya se ha visto, pasada la mitad del siglo XIX, la economía mundial comenzó un proceso de transformación merced a los primeros efectos de la Segunda Revolución Industrial, que afloraría en toda su magnitud en los años 70.

La división internacional del trabajo que se impuso como modelo de intercambio en el comercio mundial confinó a Latinoamérica a funcionar como proveedora de materias primas (agricultura y minería), en muchos casos incluso debiendo competir con el sector agrícola y minero de los países industriales.

Empero, un ramillete de países como Argentina y Uruguay, fundamentalmente, y Brasil, México, Colombia, Venezuela, Chile y Perú se transformarían en proveedores de materias primas muy requeridas por Estados Unidos y los nuevos países industriales de Europa, lo que, tangencialmente, los acopló a un incipiente proceso de industrialización, en especial en lo referido al transporte, embalaje y acondicionamiento de los productos exportables.

Dicho proceso fue así sintetizado por Celso Furtado:

"Los tres decenios que anteceden a la primera gran guerra constituyen en el conjunto de América Latina un periodo de rápido desarrollo económico y transformación social. En México, donde el gobierno de Porfirio Díaz creó condiciones para una intensa penetración de capitales extranjeros, orientados principalmente a la producción minera; en Chile, que al salir victorioso de la Guerra del Pacífico contra Bolivia y Perú pasó a monopolizar las fuentes del salitre; en Cuba, donde aun antes de la independencia –obtenida en 1898– se venía efectuando una creciente integración con el mercado norteamericano, lo que le permitió expandir de modo extraordinario la producción de azúcar; en Brasil, donde el auge del cultivo del café en el altiplano paulista y el flujo migratorio europeo provocaron el colapso de la economía esclavista; finalmente, en Argentina, donde la economía y la sociedad se transformaron profundamente por el impulso de la poderosa ola migratoria y la penetración de abultados capitales extranjeros".

Una vez más, empero, un proceso de transformación profundo llegaría envuelto en una crisis financiera.

Salvados y hundidos

Al comenzar la década de los 80 del siglo XIX, el crecimiento económico de ciertos países de Latinoamérica había atraído la mirada de los financistas europeos en general, y de los ingleses en particular.

Por aquellos años, Argentina, Brasil y en menor medida México, se transformaron en apetecibles plazas financieroespeculativas. Las Bolsas de Buenos Aires y Río de Janeiro bullían; el negocio inmobiliario crecía de modo vertiginoso; las clases altas iban y venían de Europa con absoluta normalidad; la especulación financiera no tenía barreras.

En Buenos Aires, en particular, la réplica transoceánica de la bulliciosa *belle époque* parecía haber llegado para quedarse. Entretanto, en el "aburrido" mundo de la economía, el país se iba enterrando en un peligroso pantano.

Entre 1881 y 1890, Argentina había obtenido alrededor de cincuenta nuevos préstamos, pasando a convertirse en el mayor deudor del planeta, con cerca de cuatrocientos millones de dólares u ochenta millones de libras esterlinas. Una cifra escandalosa para un país regido por el patrón oro, con no más de cinco millones de habitantes, una emisión monetaria fuera de control y una deuda conformada por préstamos a corto plazo.

En 1899, cuando el peso argentino comenzó a perder valor y las posibilidades de repago de deuda se tornaron más difusas, las reservas en oro iniciaron el proceso de fuga hacia el exterior, el billete argentino se debilitó aún más y el *default* recortó su torva figura en el horizonte.

Producto de la presión británica sobre países dependientes como Argentina, las importaciones de productos ingleses se multiplicaron en relación con las exportaciones, quebrando el equilibrio de la balanza de pagos. A eso se sumó un aumento en el costo de los intereses de la deuda.

Una vez más, la Baring Brothers era el mayor acreedor de Argentina. En noviembre de 1890, sus directivos le comunicaron al gobernador del Banco de Inglaterra que si no eran asistidos por el Tesoro de Gran Bretaña, vale decir, por el dinero de los contribuyentes ingleses, el banco de los hermanos Baring iría a la quiebra. La razón: Argentina no podía pagar su deuda y las Bolsas de Buenos Aires y Río de Janeiro se iban a pique.

En menos de treinta días, el atribulado William Lidderdale obtuvo 1.5 millones de libras mediante la venta de bonos del Tesoro, otros dos millones que le giró el Banco de Francia a cuenta del Banco de Inglaterra y diecisiete millones más que la Corona le pidió que aportase a un grupo de bancos londinenses, asegurándoles que sería el Tesoro quien respaldase el préstamo.

La mecánica de salvamento había funcionado exitosamente, y Baring Brothers logró mantenerse en pie, pese a la pésima gestión que había llevado adelante.

Con eso y todo, la primera crisis de la deuda de los países subdesarrollados cobró sus víctimas. El pánico financiero en Brasil aguijoneó un perverso juego especulativo que provocó bancarrotas y fusiones de grandes bancos, concluyendo todo en el golpe de Estado perpetrado en 1891.

En España, la vertiginosa caída de las acciones en la Bolsa se cobró la quiebra del Banco de Crédito Español, del Banco General de Madrid, del Banco de Cataluña y del Banco Español Comercial.

A Portugal, la caída de la Bolsa y la posterior fuga de oro la obligaron a abandonar el patrón oro en 1891, marginándola de buena parte del comercio internacional.

Por fin, para Argentina el daño no fue menor. La cesación de pagos de la deuda la sumió en planes de ajuste, reducción de salarios, aumento de la pobreza y del desempleo.

Además, como corolario de la debacle financiera, el 26 de julio de 1890 se produjo un alzamiento cívicomilitar que, si bien no produjo la caída del Gobierno, le costó el cargo al presidente, Miguel Juárez Celman, quien debió ser reemplazado por su vice, Carlos Pellegrini.

La Revolución del Parque, como se conoció el alzamiento por el que el grupo rebelde se atrincheró en el Cuartel del Parque de Artillería, duró tres días y fue liderada por el flamante partido Unión Cívica; y si bien dejó un saldo de mil quinientas víctimas entre muertos y heridos, también permitió que una nueva franja social, la clase media, ingresara como protagonista en la política del país.

Paradójicamente, para los intereses del imperialismo británico, esa nueva clase social que afloró de pronto en el horizonte político, constituida por comerciantes, profesionales, empleados y cuentapropistas, habría de engendrar los nacionalismos y las luchas obreras que se desataron al comenzar el nuevo siglo.

Capítulo 3
Matar de hambre, morir de sobrepeso

> "La Rosa de la Belleza Americana sólo puede producir
> el esplendor y la fragancia que traen alegría a su espectador
> mediante el sacrificio de los demás brotes que crecen a su alrededor.
> Esto no es una mala tendencia en los negocios;
> se trata simplemente de la expresión máxima
> de una ley de la naturaleza y del mismo Dios."
>
> John D. Rockefeller

El siglo XX llegó con excelentes noticias económicas para buena parte del mundo, en especial para Europa, Estados Unidos y América Latina. Los avances tecnológicos, como el telégrafo, el teléfono y la radio, facilitaban las comunicaciones entre empresas y personas; la vertiginosa expansión del ferrocarril que, en 1910, en Estados Unidos, por ejemplo, llegaba ya a los cuatrocientos mil kilómetros de vías férreas, en países de Europa a cincuenta mil y en Latinoamérica, como era el caso de México y Argentina, a más de veinticinco mil, transportaba personas y productos de un lugar a otro reduciendo sensiblemente los costos y abaratando precios.

La utilización de la electricidad para hacer funcionar tranvías en las ciudades y el hallazgo del gas oil como derivado del petróleo abarataron y multiplicaron el intercambio de mercancías y ayudaron a fundar las primeras empresas globales; al menos en función de lo que era por entonces la globalización.

Las crisis financieras anteriores y la necesidad de adecuarse a un sistema monetario rígido, como era el patrón oro, habían impulsado a los principales países de Europa a contar con un banco central, dependiente del Estado, capaz de amortiguar o desactivar eventuales colapsos financieros. No era el caso aún de Estados Unidos y América Latina. Asia, con excepción de Japón, por entonces marchaba a la retaguardia de esa explosión productiva; África no era mucho más que un botín de guerra para las potencias imperiales.

La combinación sonaba explosiva, y lo era.

Sólo ganar

En el breve lapso que separa el inicio del siglo XX de 1914, año en que se desencadena la Gran Guerra, la prosperidad que sonaba indefinida iba a demostrar que tenía empero una cola siniestra navegando en las profundidades.

El mundo se había abierto, las poblaciones habían crecido, más gente consumía, pero para la sobreproducción industrial que llegaba con el siglo y los millones de billetes que los bancos necesitaban multiplicar, el mundo seguía siendo estrecho. Cada una de las potencias industriales (las nuevas y las antiguas) debía expandir sus mercados; en especial Alemania, que había llegado tarde al reparto colonial. China y África del sur eran para los germanos las zonas en disputa.

La Segunda Revolución Industrial finalizaba al mismo tiempo que se desencadenaba el mayor conflicto bélico que, hasta entonces, la Humanidad conociera.

La Primera Gran Guerra capitalista –como probarían ciertos hechos después– apenas estuvo impulsada por los fuertes movimientos nacionalistas existentes en Alemania, Francia e Italia. La lucha, en rigor de verdad, era por los mercados y la hegemonía financiera que exigía la nueva fase del capitalismo que se había abierto con la Segunda Revolución Industrial.

No era eso lo que se les podía explicar a quienes habrían de morir en los campos de batalla.

Estados Unidos, una de las potencias emergentes junto con Japón, con quien disputaba los mercados del Pacífico, se ocupó de demostrar que la guerra no era una cuestión de nacionalistas.

A comienzos de 1907, el Mercantile National Bank de Nueva York tomó la decisión de monopolizar el mercado del cobre mediante la compra de acciones de las empresas dedicadas a la extracción y comercialización del metal. El objetivo era convertirse en el accionista mayoritario de esas empresas.

Pero no sólo el banco conducido por Fritz Heinze tenía la intención de sacar del juego a los competidores; también John D. Rockefeller aspiraba a monopolizar el mercado del cobre y acumulaba miles de acciones de las empresas dedicadas al negocio del metal.

Cuando Rockefeller cayó en la cuenta de que Heinze se le había adelantado y amagaba llegar a la meta antes que él, puso en venta todas las acciones que poseía derrumbando el precio de las empresas y, consecuentemente, el patrimonio del Mercantile.

La inminencia de una supuesta bancarrota del banco se instaló entre los ahorristas, quienes procedieron a retirar prestamente sus depósitos, lo que ahora sí puso al Mercantile al borde de un abismo sin retorno.

Pronto el pánico se trasladó a la Bolsa y a otras entidades bancarias, y la economía estadounidense entró en crisis.

La producción cayó más de 90% en el primer año; el PIB se desbarrancó 5.6%, y el desempleo se duplicó. Como era de prever, los dos vecinos de Estados Unidos, Canadá y México, también sintieron los coletazos de la crisis.

No había habido nacionalistas ni fallas estructurales de la economía. La crisis se había desatado como consecuencia de la guerra entre dos señores poderosos, que aunque predicaban el libre mercado hacían lo imposible para erigirse en monopolistas y borrar del negocio del cobre el juego de la oferta y la demanda.

Lúgubres tambores

Jamás podría admitirse que una guerra se declara por cuestiones netamente económicas. Ningún político del mundo osaría pararse frente a las potenciales víctimas y pedirles que vayan a entregar la vida para que los accionistas de las empresas tengan mayor rentabilidad, para que los bancos puedan prestar el dinero a intereses más altos o para hacerse de rentables cuencas petrolíferas.

Sin embargo, con excepción de los conflictos religiosos o étnicos (y sólo en parte, en ambos casos) las guerras suelen estar movidas por el lucro. Así fue y sigue siendo, desde la Antigüedad hasta las sangrientas trincheras de 1914 o el pretendido "Eje del Mal". En ningún caso, empero, es eso lo que se les transmite a los pueblos, y el redoblar de tambores dice obedecer a sacrosantos ideales compartidos.

En la primera década del siglo XX, en efecto, el nacionalismo como concepción políticoideológica se había instalado con fuerza en Alemania y Francia, fundamentalmente, pero también en Italia, Grecia, Polonia y Serbia. Conceptos como *tradición, destino colectivo de la nación* y *causa nacional*, entre otros, motivaban discursos políticos, odas poéticas y arengas chauvinistas.

Entonces, nada más digno que morir por la patria, abrazado a una bandera y obedeciendo órdenes distantes.

Paradójicamente, la nueva fase capitalista por la que transitaban las potencias que desatarían la guerra poco tenía que ver con un proyecto de mundo celosamente dividido por férreas fronteras, atento a sus tradiciones individuales y a su pasado, a la conservación de su patrimonio distintivo, cultural y religioso.

Más bien, el ideario que se seguía era el sintetizado por el ya mencionado John D. Rockefeller: "La competencia es un pecado; *por eso procedemos a eliminarla*".

Se trataba en realidad de expandir fronteras para capturar mercados en una típica puja imperialista. Alemania reclamaba parte del botín que por entonces significaban China y África, y ni Francia ni Inglaterra estaban dispuestas a cederlos. Someter a esos pueblos más atrasados significaba monopolizar el comercio con ellos, extraer la materia prima que fuese necesaria y obtener mano de obra a precio de remate.

Así, mientras en Estados Unidos se ponía en marcha la Reserva Federal, que habría de cumplir las funciones de un banco central pero sin depender del Estado, sino como producto de la asociación de seis grandes entidades bancarias, Europa se lanzaba a una conflagración que costaría millones de vidas.

Hasta el día en que el archiduque Francisco Fernando fue asesinado en Sarajevo por un nacionalista serbio, las seis potencias europeas (Gran Bretaña, Francia, Austria-Hungría, Italia, Rusia y Alemania) habían creído que con el simple expediente de aumentar su capacidad bélica podían disputarles mercados y territorios a las demás, sin arriesgarse en una guerra de proporciones. Ignoraban que la Segunda Revolución Industrial les exigiría mucho más que gestos disuasivos y que una nueva potencia, Estados Unidos, estaba dispuesta a discutir, con las armas en la mano, su lugar en el mundo.

Pero si la guerra se tornó inevitable, lo que pocos imaginaron era que el conflicto se extendería por largos cuatro años, se cobraría la vida de más de diez millones de personas (alrededor de 57% de los soldados movilizados por ambos bandos), dejaría devastada la economía en Europa, abriría la puerta a una nueva, larga y penosa crisis económica y prepararía las condiciones para una nueva Guerra Mundial.

Una guerra de semejante magnitud, desconocida hasta entonces por los pueblos y los gobiernos de la época, debía necesariamente poner patas arriba todos los preceptos y prioridades económicos vigentes. El sistema productivo se dedicó casi con exclusividad a abastecer los insumos necesarios para el enfrentamiento, desentendiéndose en buena medida de producir bienes de consumo.

Por promedio, 75% del gasto público de los países beligerantes se dedicó a gastos militares, relegando necesidades sociales como salud, educación y justicia, y debiendo aumentar la presión tributaria porque, ni aun con esos recortes, las arcas daban abasto.

La Gran Guerra exigía más y más dinero para reponer armamentos y pertrechos militares, por lo que el endeudamiento de las potencias en conflicto alcanzó cifras astronómicas. Se especulaba con el millonario resarcimiento que se les exigiría a los derrotados, pero a medida que el conflicto se prolongaba, los cálculos de esos montos alcanzaban niveles tan siderales que sonaba imposible que cualquier país derrotado pudiese honrarlos, como efectivamente luego pasó.

La magnitud del endeudamiento al que llegaron las potencias beligerantes destrozó, como era previsible, el sistema monetario internacional. Se abandonó el patrón oro y ni siquiera los grandes beneficiarios, como Estados Unidos, Japón, América del Sur y España, hacia cuyas arcas viajaba el metal, pudieron hacer uso de él, a riesgo de desatar un proceso inflacionario demoledor.

En paralelo, la ingente cantidad de combatientes que se necesitaba mermó significativamente la mano de obra en la industria, lo que suponía un problema adicional para la producción de bienes de consumo.

Tampoco la agricultura salió indemne de la Gran Guerra. Los campos de sembradíos se volvieron de combate, las manos labradoras empuñaron fusiles y los químicos militares envenenaron la tierra, tanto como las bombas sin explotar que se esparcían por donde los campesinos deberían cultivar la tierra.

Vías férreas, puentes, carreteras y puertos, en su mayoría, se convirtieron en escombros, imposibilitando el intercambio de mercancías, muchas de primera necesidad.

El hambre arrasó Europa y el esquema monetario pasó a ser apenas un espejismo. La Primera Gran Guerra capitalista terminó con una parte de la población del mundo, y dejó en estado de colapso al propio sistema.

Rusia: morir especulando

Al igual que otras crisis económicas, la debacle que produjo la primera experiencia bélica mundial, desatada por la lucha interimperialista, produjo formidables transformaciones políticosociales. La más importante, sin dudas, fue el triunfo de una revolución comunista por primera vez en la historia. La Revolución Rusa no sólo inauguraría el primer Estado proletario del planeta, sino que, al término de la Segunda Guerra Mundial, habría de reconfigurar el mapa del mundo.

Dice Hobsbawm al respecto:

"Las repercusiones de la Revolución de Octubre fueron mucho más profundas y generales que las de la Revolución Francesa, pues si bien es cierto que las ideas de ésta siguen vivas cuando ya ha desaparecido el bolcheviquismo, las consecuencias prácticas de los sucesos de 1917 fueron mucho mayores y perdurables que las de 1789. La Revolución de Octubre originó el movimiento revolucionario de mayor alcance que ha conocido la historia moderna. Su expansión mundial no tiene parangón desde las conquistas del Islam en su primer siglo de existencia".

Y continúa el prestigioso historiador británico:

"Sólo treinta o cuarenta años después de que Lenin llegara a la estación de Finlandia en Petrogrado, un tercio de la Humanidad vivía bajo regímenes que derivaban directamente de 'los diez días que estremecieron al mundo' (Reed, 1919) y del modelo organizativo de Lenin, el Partido Comunista".

Si bien es cierto que hacia 1914 los partidos socialistas habían alcanzado un importante predicamento en Europa, es imposible imaginar el derrumbe del zarismo a manos de los bolcheviques de no haber mediado la Gran Guerra, pero fundamentalmente, de no haberse producido el desastre económico que tal conflicto produjo.

La consigna de los revolucionarios "Paz, pan y tierra", como se ve, anclaba fundamentalmente en aspectos económicos: pan y tierra, amenazados siempre por el eco de los cañonazos. Tanto es así que cuando Trotsky, en su carácter de Comisario de Relaciones Exteriores de la flamante Unión Soviética, logró sacar a su país de la guerra mediante el Tratado de Paz de Brest-Litovsk, suscrito con los Imperios Alemán, Austrohúngaro, Otomano y con Bulgaria, accedió a renunciar a una sustancial parte del territorio que dominaba Rusia a cambio de terminar con las acciones militares en el campo soviético.

Es indiscutible que el triunfo bolchevique estuvo decididamente ligado a la última fase de la Segunda Revolución Industrial y a la crisis económica de la Gran Guerra. El industrialismo había llegado a Rusia tanto como a otras potencias europeas, pero de modo desigual e ineficiente, producto en gran medida de un régimen político tiránico, arcaico y corrupto.

La industrialización llegó a las ciudades; los campesinos empobrecidos emigraron hacia las grandes urbes, y en pocos años nació un proletariado hasta entonces casi inexistente.

Sin embargo, en la medida en que Rusia no había desarrollado, por ejemplo, las redes ferroviarias, la producción industrial se tornaba ineficiente y escasamente competitiva respecto de la alemana, la inglesa, la estadounidense y aun la húngara y la española. Los salarios, entonces, apenas podían cubrir necesidades básicas. Nada más apropiado para que germinara la semilla revolucionaria, en un terreno que ni siquiera Marx había soñado como probable.

La entrada a la guerra no fue más que la frutilla que le colocó al postre el anacrónico zarismo. Derrotas militares a repetición, hambrunas y represión a los disconformes no podían derivar más que en olas de huelgas tanto como en repudio a la guerra y al régimen.

En su *Historia de la Revolución Rusa*, Leon Trotsky aporta una interesante interpretación respecto de las razones por las cuales el zarismo, aunque consciente de sus debilidades y posibles consecuencias negativas, decidió sumarse a la guerra:

"La India tomó parte en la guerra formalmente y de hecho como colonia de Inglaterra. La intervención de China, aparentemente 'voluntaria', fue, en realidad, la intervención del esclavo en las reyertas de los señores. La beligerancia de Rusia venía a ocupar un lugar intermedio entre la de Francia y la de China. Rusia pagaba en esta moneda el derecho a estar aliada con los países progresivos, importar sus capitales y abonar intereses por éstos; es decir, pagaba, en el fondo, el derecho a ser una colonia privilegiada de sus aliados, al propio tiempo que a ejercer presión sobre Turquía, Persia, Galicia, países más débiles y atrasados que ella, y a saquearlos. En el fondo, el imperialismo de la burguesía rusa, con su doble faz, no era más que un agente mediador de otras potencias mundiales más poderosas".

En la misma obra, con amargo sarcasmo, Trotsky pone sobre el papel lo que indefectiblemente trae aparejada cada crisis económica: la especulación financiera; esa que destruye capital productivo; capital que luego debe reconstituir la sociedad sobre la rebaja de salarios, el aumento de los impuestos y el desempleo.

Dice Trotsky:

"La especulación en todas sus formas y las jugadas de Bolsa llegaron al paroxismo. De la espuma sangrienta surgían inmensas fortunas. El que en la capital no hubiese pan ni combustible no impedía a Faberguet, el joyero de la corte, vanagloriarse el que nunca había hecho tan magníficos negocios […] Todos se daban prisa a robar y a comer a dos carrillos, temerosos de que la benéfica lluvia se acabara, y todos rechazaban con indignación la idea ignominiosa de una paz prematura".

Voracidad para hoy, guerra para mañana

Fuera de toda duda, la Revolución Rusa fue la más importante transformación políticosocial que alumbró el colapso económico generado por la Primera Guerra Mundial. Pero no fue la única.

Menos visible en aquel entonces, la guerra y su saldo de millones de soldados muertos produjo la irrupción femenina en un mundo laboral que, hasta esos años, era prácticamente monopolizado por los varones. La nueva presencia en las fábricas, realizando tareas antes reservadas para los hombres, haría entrar en la escena pública y en la política a una nueva protagonista: la mujer sindicalizada.

La segunda transformación estuvo dada por el relevante peso económicopolítico a nivel mundial que a partir de la Gran Guerra comenzaron a tener países como Japón, y muy especialmente Estados Unidos.

El rol determinante que tendría el presidente estadounidense Woodrow Wilson en el tejido del Tratado de Versalles anticipaba con nitidez la irrupción de un nuevo y poderoso jugador en el tablero internacional.

La Primera Guerra había tenido como grandes objetivos:

a. Redefinir, en el terreno político, supremacías en el mundo

b. A partir de ellas, garantizar que una nueva conflagración mundial no volviera a repetirse;

c. Asegurar, en el terreno económico, largos años de prosperidad y bonanza.

La historia demostró que nada de eso habría de ocurrir.

El 18 de enero de 1919, en Versalles –la antigua capital del Reino de Francia, a sólo diecisiete kilómetros al oeste de París–, en una larga mesa ubicada en el centro del Salón de los Espejos del famoso Palacio, se sentaron los representantes de Gran Bretaña, Estados Unidos, Francia e Italia.

Se iniciaba ese día la Conferencia de Paz que tenía como objetivo acordar las condiciones de ésta entre los Aliados (vencedores de la Gran Guerra) y las Potencias Centrales, Alemania, Austria, Hungría, Turquía y Bulgaria, a quienes ni siquiera se les permitió sentarse en la larga mesa.

El clima reinante no preanunciaba nada que garantizase una paz duradera.

El pliego de condiciones (que eso era en realidad el Tratado) llegó a manos alemanas en mayo de ese año, y poco tenía que ver con lo que hubiese debido ser el espíritu de una verdadera Conferencia de Paz.

Territorialmente, se le exigía a Alemania renunciar al conjunto de las colonias que poseía; poco menos de cien mil kilómetros cuadrados. Militarmente, se la obligaba a desprenderse de todo el material militar y de la flota de guerra (además de estar obligada a ceder todo barco mercante de más de mil cuatrocientas toneladas); a disolver el Estado Mayor del Ejército; a suprimir el servicio militar obligatorio; a reducir sus ejércitos a menos de cien mil hombres, los que no debían contar ni con aviones, ni con submarinos, ni con artillería pesada…

Con todo, el golpe de gracia llegaba de la mano de las leoninas penalidades económicas que se aplicaban. En concepto de resarcimiento, Alemania debía pagarles a los vencedores, en metálico, ciento treinta y dos mil millones de marcos-oro (algo así como cuatrocientos cuarenta mil millones de dólares actuales). Además, debía ceder cada año nuevos barcos por un total de doscientas mil toneladas, cuarenta y cuatro millones de toneladas de carbón, trescientas setenta y un mil cabezas de ganado y la mitad de la producción de sus industrias farmacéutica y química.

El pliego de condiciones exigía aún más resarcimientos económicos, pero ya con los principales quedaba claro que ni Alemania podría cumplirlos si no condenaba al hambre y a la miseria más extrema a toda su sociedad, ni el marco de la devastada económica mundial le permitiría realizar semejante desangre.

Firmado el 28 de junio de 1919, en medio de una semana de luto nacional decretada en Alemania, el Tratado había abierto la caja de Pandora; o, para mejor decir, le había abierto una enorme puerta de entrada al nacionalismo más beligerante.

Antes de abandonar París, uno de los representantes de la delegación germana lanzó una frase que resumiría con precisión, no sólo las consecuencias del Tratado, sino algunas de las razones por las cuales se desataría la Segunda Guerra Mundial:

"Fuimos condenados no sólo a la impotencia política, sino también a la ruina económica y a la servidumbre".

En verdad, lo humillante y disparatado del Tratado iba a meter al mundo en una de las peores crisis económicas de la historia. Los Aliados contaban con los pagos de Alemania para cancelar las deudas que había contraído en tiempos de guerra, y como para el Gobierno germano era imposible cumplir con los desembolsos, las deudas no se cancelaban y los intereses aumentaban geométricamente, derrumbando acciones, entidades bancarias y economías en general.

Diez años después de la firma en el Salón de los Espejos, Europa y Estados Unidos habían caído en la Gran Depresión que marcó la década de los años 30, pese a que alguien ya lo había previsto el mismo año del Tratado.

John Maynard Keynes, que había integrado la delegación británica y renunciado enfurecido al conocer los términos del Tratado de Versalles, publicó, al final de 1919, *Las consecuencias económicas de la paz*, una obra en la que, con precisión matemática, demostraba no sólo lo descabellado de las exigencias, sino los resultados económicos y políticos que el furioso tratado traería aparejado.

En un par de párrafos anticipaba lo que vendría:

"Si lo que nos proponemos es que, por lo menos por una generación, Alemania no pueda adquirir ni siquiera una mediana prosperidad; si creemos que nuestros recientes aliados son ángeles puros y todos nuestros recientes enemigos, alemanes, austriacos, húngaros y los demás son hijos del demonio; si deseamos que año tras año Alemania sea empobrecida y sus hijos se mueran de hambre y enfermen, y que esté rodeada de enemigos, entonces rechacemos todas las proposiciones generosas [...] Si tal modo de estimar a las naciones y las relaciones de unas con otras fuera adoptado por las democracias de la Europa occidental, entonces, ¡que el Cielo nos salve a todos! Si nosotros aspiramos deliberadamente al empobrecimiento de la Europa central, la venganza, no dudo en predecirlo, no tardará".

Imposible describir mejor lo que, como veremos, habría de suceder. Los vencedores comenzaban a deglutir su propia cola.

Capítulo 4
Ciclos recurrentes

"La codicia es el más feo y detestable de los pecados, porque se alimenta de su propio apetito y nunca se sacia, y su rapacidad aumenta consigo misma."

Taylor Caldwell

El día en el que los delegados de los países vencedores de la Primera Guerra Mundial se sentaron alrededor de la gran mesa en el Salón de los Espejos no imaginaron, en lo absoluto, que el único triunfo que podían adjudicarse quienes de verdad se habían desangrado en la contienda era el menos importante de todos: sólo habían ganado en el terreno militar.

De entre los Aliados, uno y nada más que uno era el auténtico vencedor: Estados Unidos; paradójicamente, el país que entró a la guerra tres años después de que ésta comenzara; el único que no debió soportar batallas en su territorio, y el que menos bajas hubo de lamentar.

Para los europeos, en cambio, casi todo había sido pérdida.

Del Imperio Austrohúngaro, que al comenzar la guerra contaba con un territorio de casi seiscientos setenta y seis mil kilómetros cuadrados y albergaba a más de cincuenta y dos millones de habitantes, en 1919 no existía más que un puñado de débiles países independientes.

Del gigantesco Imperio Otomano, que había llegado a representar más de cinco millones de kilómetros cuadrados, comenzaban a desprenderse los jirones que lo harían desaparecer en 1923, en medio de una criminal persecución religiosa a los armenios, la que se transformaría en el primer genocidio de la historia y en el ensayo inaugural de la furia nacionalista, que llegaría a su esplendor cuando Adolf Hitler se convirtiera en el canciller de Alemania, para llevar a cabo las negras y acertadas predicciones de Keynes.

Del poderoso Deutsches Reich, que al comenzar la guerra tenía más de sesenta y siete millones de súbditos, quedaba un pequeño país, con más resentimiento que dignidad, sin emperador y sin posibilidades de reconstruirse económicamente.

El Imperio Ruso había caído en 1917 bajo la triunfante Revolución de Octubre y su propio atraso políticoeconómico disparaba uno de los fenómenos más espectaculares del siglo XX.

Gran Bretaña, además de haber invertido en la guerra 32% de su riqueza nacional, y de multiplicar su deuda externa por once, veía partir hacia las manos de Estados Unidos la supremacía del comercio mundial.

Francia, entretanto, no sólo había inmolado a 10% de su población en la Gran Guerra (1.4 millones de muertos), sino que fue en su territorio, junto con el de Bélgica, donde se produjo la mayor devastación. Puentes, carreteras, líneas férreas y fábricas quedaron convertidos en escombros. Francia perdió más de 30% de su riqueza nacional, e Italia, otro de los países que se sentó a la mesa de los vencedores en Versalles, más de 25% de su riqueza.

Gran Bretaña, Francia, Italia y Bélgica, en ese orden, se convirtieron, además, en los principales deudores de los estadounidenses. Ése fue su deslucido "triunfo". Pero para las potencias europeas de entonces, la Primera Guerra Mundial significó además el comienzo de un descalabro político allende los mares.

Dice Edward J. Davies II:

"A medida que la guerra recrudecía, la desesperada necesidad de soldados y trabajadores de las potencias europeas los obligó a fijar sus ojos en las colonias. Los líderes coloniales les dieron su apoyo, pensando que su lealtad en ocasión de tal peligro para la metrópolis redundaría en una mayor autonomía para las colonias, la relajación de la legislación racial e incluso la independencia al final del conflicto. Es seguro que los líderes de las colonias británicas en la India y África apoyaron el esfuerzo de guerra con estos motivos *in mente*".

No eran ésos los planes de los colonialistas, por lo que los movimientos nacionalistas e independentistas comenzaron a florecer en las colonias.

Por añadidura, el expansionismo japonés, creyéndose con derecho de arrebatarle la península Shandong a los alemanes, saltó sobre China, y sin medir las consecuencias políticas, logró que nacionalistas, comunistas, estudiantes, obreros, comerciantes y empresarios se unieran alrededor de un fuerte sentimiento antijaponés que, a medida que se profundizaba la lucha, fue siendo capitalizado por el sector marxista radicalizado.

Todas las ventajas que los países europeos habían logrado arrebatarle a los chinos desaparecieron casi junto con el final de la Primera Guerra Mundial.

Pero no acababan allí las penurias para las potencias europeas "triunfantes". Y así lo expresa Edward J. Davies II:

"Las colonias africanas sufrieron igualmente severas consecuencias económicas. Las necesidades bélicas terminaron provocando falta de existencias en los bienes de consumo y provocaron inflación y descontento generalizado en lugares como el Madagascar portugués y el Senegal francés. Estas perturbaciones llegaron a Sudáfrica, donde se organizó un número sin precedentes de sindicatos birraciales para pedir mejoras económicas al gobierno colonial".

Y completa el historiador estadounidenses:

"África fue testigo de una serie de revueltas contra el yugo colonial. Los Catorce puntos de Wilson, que incluían el derecho a la autodeterminación, fueron en parte responsables de tales alzamientos […] A lo largo y ancho del continente, los rebeldes se alzaron en armas: contra los franceses en Marruecos, los italianos en Cirenaica, las fuerzas británicas y francesas en el Sahara central y la administración europea en Somalia".

Alrededor de 1920 se dieron tres procesos importantes. En la India, Mahatma Gandhi iniciaba su lucha por la independencia por la vía de la resistencia pacífica. En Italia nacía el fascismo. Y en Alemania, el Partido Nacional Socialista Obrero Alemán.

A cada uno su nacionalismo

Al otro lado del océano Atlántico, las cosas eran bien diferentes; los frutos dejados por la guerra no se parecían a los del Viejo Continente. Estados Unidos no sólo se había convertido en el principal exportador de armamento y alimentos para los Aliados, sino que en su calidad de prestamista (algo que como país neutral le estaba específicamente prohibido) hasta 1918, en que por fin entró en la guerra, acumulaba 39% de las reservas de oro mundiales, y había desplazado a Gran Bretaña de varios de los mercados tradicionales de manufacturas que antes monopolizaban los ingleses.

A diferencia también de lo que había ocurrido en la vieja Europa, en Estados Unidos (también en Japón, en menor medida) las puertas de las fábricas se abrían cada semana y las industrias existentes crecían sin parar. Al terminar la guerra, la producción estadounidense había aumentado 37% respecto de sus valores previos a la conflagración, y los países europeos le debían al Tesoro estadounidense la friolera (para esa época) de siete mil millones de dólares, a los que más tarde se agregarían otros tres mil millones destinados a reconstruir los países arrasados.

En paralelo, la deuda comercial del conjunto de los países europeos beligerantes dentro de los Aliados ascendía a veintitrés mil millones de dólares.

No era difícil percibir que, económicamente hablando, el mundo se había partido. Para algunos, como Estados Unidos, llegaban años de prosperidad; otros, como la mayoría de Europa, en cambio, sólo podían aguardar desmantelamiento del sistema monetario, pobreza y sufrimiento.

Gravemente endeudados, sin respaldo en oro, con industrias quebradas o destruidas, habiendo perdido mercados fuera de sus fronteras y teniendo que acudir a la importación de bienes primarios para atender a las necesidades de sus poblaciones, la mayoría de los países de Europa tenía frente a sí un escarpado y doloroso camino en el objetivo de recomponer su economía.

Pero, como las lecciones de la historia siempre han demostrado, las crisis económicas suelen ser los preámbulos de (con frecuencia) profundas transformaciones políticas y sociales. Para los europeos, del mundo conocido hasta 1914 no quedaba casi nada. Los grandes imperios se habían desmoronado o estaban en vías de hacerlo, y pequeños países que hasta entonces no eran más que fragmentos de un gran reino emergieron como Estados independientes. Lituania, Estonia, Checoslovaquia y Hungría saltaron al mapa internacional como repúblicas soberanas. Las acompañaban la eternamente invadida Polonia, y un renacido paneslavismo en el que participaron serbios, eslovenos y croatas, fundando la Eslavia del Sur o Yugoslavia.

Los nuevos protagonistas trajeron con su presencia dos cambios fundamentales respecto del mundo de preguerra: los nacionalismos y las economías nacionales con fuerte intervención de los Estados.

El modelo globalizado imperante antes de 1914 también abandonó la escena. Cada quien comenzaría a velar por su propia economía.

Pero había más.

En una Europa empobrecida, endeudada y con empresas destruidas o desquiciadas, dos fenómenos comenzaron a volverse frecuentes: la inmigración de los sectores más castigados de la sociedad hacia países de América (Estados Unidos, preferentemente) y los conflictos gremiales (huelgas, movilizaciones y protestas en general). Ambos fenómenos tuvieron importantes consecuencias.

Si la sociedad estadounidense había observado con preocupación la entrada de Estados Unidos en una guerra que, como había dicho Wilson, "no es nuestra", la masiva presencia de inmigrantes europeos desató un sentimiento xenófobo que se extendió a sindicalistas y partidos de corte socialista, a los que se comenzó a identificar con la inmigración.

El gobierno estadounidense multiplicó las trabas para el ingreso al país de los inmigrantes; reapareció el Ku Klux Klan, esta vez centrando sus ataques en católicos y judíos; las huelgas y protestas de los trabajadores fueron consideradas manifestaciones políticas lideradas por grupos radicalizados, las que, en consecuencia, no merecían ser atendidas como reclamos legítimos; y un generalizado estado de sospecha general se derramó sobre la sociedad. Estados Unidos enarbolaba su propio y peculiar nacionalismo.

Entretanto, en Italia, el descontento de obreros, campesinos y soldados que regresaban del frente y se encontraban con la precaria situación económica en la que había quedado el país se sumaba al de las magras retribuciones que había obtenido Italia en el Tratado de Versalles. Todo ello comenzó a hacer crecer la figura de un activista político violento, ultranacionalista y atrevido, que en 1919, en Milán, había fundado una organización que albergaba a grupos de agitadores nacionalistas y anticomunistas armados. La organización llevaba por nombre Fasci Italiani di Combattimento, y su líder era Benito Amilcare Andrea Mussolini. Tres años después, el peculiar líder y su Partido Fascista Italiano llegarían al poder.

Por su parte, la Alemania humillada y estragada por la pobreza, la inflación y el desempleo se había convertido en un excelente caldo de cultivo para que el Partido Nacionalsocialista Obrero Alemán y su líder, Adolf Hitler, sembraran en la sociedad alemana un nocivo y radicalizado sentimiento nacionalista.

Aquel cabo del ejército durante la Gran Guerra sostenía que la derrota germana se había producido por la traición de judíos y marxistas, y que la sagrada misión de Alemania era eliminar al enemigo interno que había llevado a la derrota y reconquistar los territorios perdidos por la vía de las armas. Para ello era necesario inocular un fuerte sentimiento ultranacionalista en el pueblo, tomar el poder y militarizar al país.

Vino, rosas y acciones

Entre mediados de 1920 y finales de 1921, la ya por entonces poderosa economía estadounidense entró en recesión. Los precios de los productos primarios, que habían aumentado vertiginosamente tras el fin de la guerra y que habían beneficiado no sólo a Estados Unidos sino también a América del Sur, Canadá y Australia, comenzaron a desbarrancarse por la incapacidad de compra que comenzó a tener Europa. La deflación y las insolvencias bancarias se instalaron en Estados Unidos.

Sin embargo, en esa oportunidad, las acertadas decisiones de la relativamente flamante Reserva Federal lograron que la caída se detuviese y que comenzara un proceso de prosperidad y bonanza como no habían visto nunca los estadounidenses. Para Estados Unidos comenzaban "los felices años 20" o, mejor aún, "los años locos".

Varios concurrieron para un lapso de siete años "de vino y rosas", esos que animaron a Herbert Hoover a decir:

"En América hoy estamos más cerca del triunfo final sobre la pobreza de lo que lo haya estado ningún otro país en la historia […] con la ayuda de Dios, estaremos en condiciones de ver el día en que la pobreza quedará desterrada de esta nación".

Aquél era uno de los últimos discursos de la campaña electoral que lo depositaría en la Casa Blanca en marzo de 1929. Y aunque Hoover no imaginaba lo cerca que estaba la mayor depresión económica de los Estados Unidos en toda su historia, su optimismo no era diferente del que reinaba en casi todos sus compatriotas a fines del año 28.

La economía estadounidense contaba por aquellos años con tres locomotoras que la arrastraban vertiginosamente hacia el Paraíso: gigantescas exportaciones, tanto de productos primarios como de bienes manufacturados; una colosal reserva de oro y, fundamentalmente, un ramillete de innovaciones tecnológicas que incrementaban notablemente la producción, disminuían costos y precios y agigantaban ganancias.

Sin dudas, de entre esa serie de innovaciones tecnológicas, el sistema de producción en línea articulado por Henry Ford, la división de tareas en el proceso productivo diseñado por

Frederick Taylor y la utilización de nuevas fuentes de energía se llevaban las palmas.

Durante esos siete *crazy years* la sociedad estadounidense entró por la puerta grande del consumo. Un apetito de bienes casi ilimitado era estimulado por un crédito al alcance de cualquiera; la venta a plazos equilibraba hacia arriba a los sectores con menor capacidad económica.

El vertiginoso crecimiento de la industria automotriz, producto de la capacidad de compra de la población, disparó no sólo al conjunto de industrias abastecedoras de autopartes, sino a las que se dedicaban a la construcción de carreteras, provisión de combustible, reparaciones del automotor, etcétera.

También, la generalizada capacidad adquisitiva de los trabajadores produjo el desarrollo de las empresas de electrodomésticos, teléfonos y constructoras, que comenzaron a alzar los primeros rascacielos.

Y mientras la tasa de desempleo descendía a su nivel histórico más bajo, el ocio reclamaba más producción de las industrias cinematográfica y discográfica, de las productoras de espectáculos culturales o de mero entretenimiento, de las emisoras radiales y de las empresas periodísticas.

Entretanto, por un sórdido subsuelo se arrastraban los virus que desmoronarían el glamoroso *American way of life*, que desde la cubierta de las revistas y los catálogos de venta pregonaba sus eternas delicias.

La prosperidad y el halo de libertad ilimitada con que era visto Estados Unidos al terminar la Primera Guerra Mundial rápidamente sedujeron a ciudadanos de otras partes del mundo, en especial de Europa, que fueron llegando en tropel a sus puertos. Empujado por conservadores y xenófobos, el gobierno republicano no sólo implantó fuertes restricciones a la inmigración en 1921, sino que, convencido de que eran los extranjeros los que llevaban a Estados Unidos la perniciosa costumbre de la ingesta abusiva de alcohol, dictó, en 1919, la Ley Seca, que por cierto haría florecer las mayores bandas del crimen organizado.

Con todo, el virus más peligroso moraba en el cuerpo mismo del mercado y su ley de oferta y demanda. Desde finales de 1924, la oferta de bienes había empezado a superar a la demanda y, desde entonces, sólo el alto nivel crediticio empezaba a sostenerla artificialmente. Hacia mediados de 1928 no hacer fortuna en Estados Unidos era propio de haraganes o mediocres, según el extendido juicio de una clase media cada vez más opulenta y estandarizada. Se trataba de hacer dinero fácil y rápido, por lo que la tradicional vía del trabajo resultaba insuficiente. Y si durante aquellos años dorados las empresas no habían parado de crecer y sus acciones en la Bolsa tampoco (algo que nadie esperaba que cambiara), invertir en el mercado bursátil como carretera hacia la fortuna era lo obvio.

En paralelo, hacia mediados de la década del 20, varios países de Europa y América Latina habían podido regresar al patrón oro, tras la debacle de la Primera Guerra. El dato no era menor porque el intercambio comercial comenzó a ser más fluido, los bancos de esos países quedaron en mejores condiciones para dar crédito y los mercados bursátiles entraron en una fase de recomposición.

Por entonces, las empresas estadounidenses eran las que más se habían transnacionalizado, lo cual, se suponía, garantizaba una mayor seguridad a quienes invertían en ellas.

Frente a semejante escenario, no sólo buena parte de las ganancias de las empresas iba a parar a la Bolsa en lugar de ser reinvertida en la producción, sino que amplios sectores de la clase media se sentaron en la "mesa del casino". La especulación financiera era la panacea para todos los males; los gastos de hoy serían cubiertos por las utilidades del mañana, que alguien habría de pagar. Se invertían en acciones primero los ahorros; luego se pedían créditos. Los bancos los otorgaban a condición de que las acciones fuesen puestas en garantía por el préstamo, y la rueda especulativa comenzó a girar vertiginosamente; tanto, que pronto saltaría de su eje.

Días negros

El jueves 24 de octubre de 1929 no fue un día como cualquier otro para los operadores de Bolsa de Wall Street. La jornada había comenzado con una ola de rumores que, poco tiempo después de que empezaran las operaciones, se revelaron angustiosamente ciertos.

Las acciones, esas que habían servido de refugio para los ahorros o que habían permitido a muchos hacerse millonarios en pocas semanas, se desplomaban de un modo incontenible. Más de doce millones de títulos salieron al mercado, pero como los vendedores no encontraban quiénes los compraran, el horizonte presagiaba un tobogán más que empinado.

El sueño se volvía pesadilla. Ese "jueves negro", como se lo conoció, banqueros, inversionistas y especuladores debieron rematar acciones perdiendo hasta 30% de su valor.

El viernes y el sábado, la Bolsa pareció estabilizarse y el lunes continuó con esa tendencia. Pero todo era ficticio. Se trataba, apenas, de la especulación de algunos grandes bancos que en tiempos de zozobra imaginaron que era negocio pescar en río revuelto, y así generaron una falsa sensación de calma. La rueda no tenía por qué no seguir girando.

Pero el martes 29, el "martes negro", la realidad financiera golpeó a la puerta. Más de dieciséis millones cuatrocientos mil papeles salieron a la venta en Wall Street, pero nadie estaba dispuesto a comprarlos. En esa sola jornada, inversionistas, banqueros y especuladores habían perdido catorce mil millones de dólares, que si se sumaban a las pérdidas de los días anteriores redondeaban la friolera de treinta mil millones, algo así como diez veces el presupuesto anual de Estados Unidos.

Las Bolsas europeas, que penosa y tímidamente habían comenzado a recuperarse en los últimos años, fueron incapaces de resistir las ondas expansivas de la bomba que había explotado en Wall Street y se derrumbaron al ritmo de la estadounidense. La Gran Depresión, que se extendería con furia por los siguientes tres años, había comenzado.

A finales de 1932, sólo en Estados Unidos el desempleo trepaba a 25% de la población económicamente activa. Más de dos mil entidades bancarias habían ido a la bancarrota, y cerca de cien mil industrias ya no existían. Desde el año 29 hasta el 32, los precios disminuyeron 35.6%, produciendo una deflación tan enorme que hacía de espiral de la economía hacia la baja. Durante esos tres años, además, el PIB estadounidense no dejó de descender.

En 1932, la producción industrial del mundo no llegaba a ser ni 75% de lo que había sido en 1929. En un completo trabajo sobre el "*crack* del 29", la economista Sandra Susane Silva definió de manera precisa el escenario que condujo al colapso:

"Los negocios eran rápidos y beneficiosos. Había muchos pequeños ahorristas que decidieron invertir, e hicieron de ello su forma de vida. Los agentes de Bolsa prestaban a sus clientes tomando como garantía los propios títulos comprados y, a su vez, pedían prestado a los bancos para comprar esos títulos, pues con las ganancias de la Bolsa se podían pagar los créditos y sus intereses. Una situación de esta índole no podía continuar indefinidamente, ya que dependía exclusivamente del alza de la Bolsa, y ésta era ficticia, fruto exclusivo de la especulación y del mantenimiento de la creencia de que la economía de Estados Unidos era inquebrantable".

La Gran Depresión habría de recorrer el planeta con su manto de desempleo, pobreza, destrucción de capital y profundo daño social. Pero traía también en su maleta el germen de una nueva tragedia mundial, y ponía seriamente en entredicho el modelo capitalista liberal del *laissez-faire*, que había sido una suerte de profesión de fe hasta entonces.

¿Otra vez los tambores?

Franklin Delano Roosevelt asumió como presidente de Estados Unidos en marzo de 1933, ya convencido de que sólo las ideas de John M. Keynes podrían sacar al país de las crisis. Así envió al Congreso una serie de proyectos de ley que los parlamentarios aprobaron, y comenzó lo que habría de conocerse como el New Deal (Nuevo Pacto Social), con el que Estados Unidos comenzaría a escapar de la Gran Depresión.

Pero esto no era lo que ocurría en Alemania, Austria y Polonia, por ejemplo, donde al desempleo y a la caída de la producción podían sumárseles, como en el caso de Alemania, los enormes costos de las reparaciones de guerra exigidas por los Aliados.

Ya en enero de 1933, cuando el Partido Obrero Nacional Socialista Alemán llegó al poder de la mano de Adolf Hitler, los nacionalismo, económicos que venían llevando adelante varios países de Europa se convirtieron en ultranacionalismos políticos, decididos a reemplazar en todo el mundo al liberalismo capitalista.

La República de Weimar, en Alemania, se desplomó bajo el peso de cinco millones de desocupados, la desazón de los jóvenes que no vislumbraban un futuro para ellos y los miles de pequeños, medianos y grandes empresarios que habían perdido sus fábricas como consecuencia de la crisis. Todos, de una manera u otra, pasaron a sumarse a las filas nazis.

En Italia, el *Duce* Benito Mussolini gobernaba desde 1922. El Estado fascista profundizaba, año a año, el control de la economía y dirigía el intercambio comercial de Italia con el mundo.

Sin embargo, los resultados de esa suerte de autarquía y corporativismo económicos no habían sido malos. Pese a sus proclamas populistas, el fascismo italiano había tejido una alianza con las grandes asociaciones patronales de la industria y con los terratenientes, logrando un modesto autoabastecimiento que sirvió, al menos, como una cierta malla de contención social.

España, entretanto, veía concluir la dictadura de Primo de Rivera. Se inauguraba la II República, que no sería más que el punto de partida de una guerra civil que comenzaría a hacerse efectiva casi con el triunfo del Frente Popular, en 1936, y acabaría tres años más tarde con el triunfo de otro líder fascista, el general Francisco Franco.

Con ser los más emblemáticos, no eran éstos los únicos regímenes fascistas o filofascistas que gobernaban países de Europa: el militarista Eleftherios Venizelos lo hacía en Grecia; Alejandro I, en Yugoslavia; el líder del "austrofascismo", Engelbert Dollfuss, hacía lo suyo en Austria; se les sumaban en Rumania el rey Carol II, primero, y luego Gheorghe Tatarescu, entre otros.

El ciclo de especulación financiera, crisis, cambios políticos, guerras como consecuencia o como supuesta solución, pobreza conviviendo con avidez de consumo y nuevos negocios financieros, crisis, etc., se echaba a andar una vez más. Hacia fines de la década de 1930 había muchas revanchas prometidas, muchas reivindicaciones que lograr, mucha necesidad de mercados potables y demasiadas apetencias económicas. Las ideologías se adaptaban, eran generadas o se alimentaban de cada una de las realidades nacionales. Las condiciones para que se desatara la Segunda Guerra Mundial estaban dadas.

Capítulo 5
Cambios de paradigmas

> "La guerra es la salida cobarde a los problemas de la paz."
>
> Thomas Mann

En el invierno de 1633, el ultrapuritano reverendo John Cotton, junto a su esposa, sus hijos y un grupo de fanáticos que lo seguían, debió marchar al exilio. En rigor, había sido el flamante arzobispo de Canterbury, William Laud, quien le "sugirió" a Cotton que continuase su trabajo pastoral lejos de las costas de Gran Bretaña, más precisamente en la colonia de la bahía de Massachusetts, en Nueva Inglaterra.

Antes de eso, John Cotton ya se había ocupado de reflexionar no sólo respecto de la salvación de las almas, sino sobre el destino de las naciones y, en consecuencia, de las gentes que habitaban en ellas. No podía imaginar que tres siglos más tarde, tanto Theodore Roosevelt como Woodrod Wilson retomarían su concepto del "destino manifiesto".

Aquella vez, Cotton había escrito:

"Ninguna nación tiene derecho a expulsar a otra, si no es por un designio especial del Cielo como el que tuvieron los israelitas, a menos que los nativos obraran injustamente con ella. En este caso tendrán derecho a entablar, legalmente, una guerra con ellos así como a someterlos".

Esas premisas no cayeron en saco roto y, en 1823, James Monroe les informaba a los europeos que Estados Unidos no admitiría intromisión alguna en América. El continente en pleno era parte de ese Destino manifiesto que le cabía a Norteamérica, para expandir sus fronteras hasta donde lo necesitase. Se trataba de contar con lo que el geógrafo alemán Friedrich Ratzel había definido como *Lebensraum*; en castellano, "espacio vital".

Los dueños de la tierra

Desde luego, ni Cotton, ni Monroe, ni Roosevelt imaginaron que en 1933, un pequeño ex cabo del ejército alemán, devenido líder político de su nación, recogería el reclamo de Cotton y el concepto de Ratzel.

Alemania debía exigir no sólo la restitución de los territorios perdidos tras Versalles, sino también su derecho a sumar todo el territorio que necesitase para asegurarse su espacio vital. El camino para lograrlo pasaba, desde luego, por la militarización de esa misma sociedad que se consideraba humillada por los resultados del acuerdo de paz firmado en 1919.

Hitler consideraba que no habría prosperidad y desarrollo posible para su nación si no podía acabar, primero, con los términos del Tratado de Versalles, y segundo, con el "cepo territorial" que la derrota bélica le había impuesto. Al fin y al cabo, razonaba el Führer, Estados Unidos no pensaban de manera diferente.

En línea con el pensamiento de Cotton, escribía en *Mi lucha*:

"La naturaleza no ha reservado esta tierra para la futura posesión de una nación o una raza en particular; por el contrario, esta tierra existe para el pueblo que posea la fuerza para tomarla".

Aquél era el nuevo escenario político de un mundo que había sido transformado por una inclemente crisis económica. Del liberalismo capitalista de preguerras, se había pasado a nacionalismos económicos, que mutando hacia nacionalismos políticos habían llegado al nazismo y a fascismos de formas variadas; y además de ellos, estaba también el comunismo soviético.

Desde luego, y como siempre, la cuestión económica yacía por debajo de todos los postulados ideológicos que se pregonaban.

Otra guerra mundial más larga y más cruenta que la anterior fue el único camino que el mundo de finales de los años 30 pudo encontrar para reacomodarse a los nuevos paradigmas políticos y económicos que había hecho nacer la crisis de los años 30.

Entre el 1 de septiembre de 1939 y el 2 de septiembre de 1945 habrían de morir casi sesenta y dos millones de personas, sumando civiles y militares. El costo total aproximado de la conflagración rondó 1.5 billones de dólares; movilizó a ciento diez millones de soldados de casi todo el mundo, y mil setecientas millones de personas de sesenta y un países se vieron involucradas de algún modo en la guerra. Con excepción de Estados Unidos, los países industrializados perdieron más de 50% de sus estructuras productivas, lo que, sumado a la destrucción de infraestructuras (caminos, puentes, vías férreas, etc.) y la virtual paralización de su agricultura, colocó sus economías al borde del colapso.

Muchas empresas productivas y de financiamiento hicieron grandes fortunas al ritmo de los cañones, pero por supuesto distantes de ellos. Con todo, y a diferencia de lo que ocurrió al terminar la Primera Guerra Mundial, la paz alcanzada en 1945 trajo consigo algunas buenas noticias para la Humanidad. Toda la investigación y el desarrollo tecnológico puesto al servicio de la guerra sirvió luego para mejorar la vida de las personas (el radar, los antibióticos, el grabador, el DDT, el turborreactor, etc.). Y por fin se aceleró vertiginosamente el proceso de descolonización en el mundo.

Sin embargo, y con todo acierto, Eric Hobsbawm le atribuye a la Gran Depresión, más que a la Segunda Guerra Mundial, el enorme impulso al proceso de descolonización. La gran crisis hizo que las relaciones económicas entre imperios y colonias, o países dependientes, se viniesen abajo. En palabras del historiador:

"Todo ello fue trastocado por la Gran Depresión, durante la cual chocaron por primera vez de manera patente los intereses de la economía de la metrópoli y los de las economías dependientes, sobre todo porque los precios de los productos primarios, de los que dependía el tercer mundo, se hundieron mucho más que los de los productos manufacturados que se compraban a Occidente. Por primera vez, el colonialismo y la dependencia comenzaron a ser rechazados como inaceptables incluso por quienes hasta entonces se habían beneficiado de ellos".

El mundo que había emergido de la Segunda Guerra ya no tenía potencias centrales ni imperios al modo en que se habían conocido. Tras una forzada alianza contra el III Reich, Estados Unidos y la Unión Soviética se repartieron la hegemonía planetaria y comenzaron una sorda guerra que marcaría los destinos del mundo de los siguientes cuarenta y cinco años.

En el plano económico, las piezas comenzaron a ser manipuladas mucho antes de que se disipara el humo de los combates. Con la paz, sólo había que ponerlas sobre el nuevo y previsto tablero.

De nuevo, un solo ganador

La Segunda Guerra Mundial no había concluido aún cuando los representantes de cuarenta y cuatro países se reunieron en el majestuoso Mount Washington Hotel, en las montañas de Bretton Woods, para diseñar lo que habría de ser el nuevo orden económico mundial. En rigor, cuarenta y tres de los países habían llegado al estado de New Hampshire sólo para escuchar la lista de condiciones que Estados Unidos pretendía imponerle al mundo en materia comercial y financiera. Por ello, el bloque comunista no aprobó los pliegos, y China, que sí estampó en ellos su firma, los repudió tras el triunfo de la revolución maoísta.

Era julio de 1944, pero Harry Dexter White, el director del departamento del Tesoro estadounidense, ya tenía preparados los borradores que presentaría en Bretton Woods una semana después del 7 de diciembre de 1941, cuando las bombas japonesas cayeron sobre Pearl Harbor.

Contra los papeles de White, el británico John Maynard Keynes había preparado un programa alternativo bastante más equitativo y democrático, pero siendo Estados Unidos el dueño de 80% de las reservas mundiales de oro, el mayor acreedor internacional y la gran potencia industrial emergente, eran pocas las posibilidades de hacer prevalecer el plan de Keynes y a quienes lo apoyaban.

La receta estadounidense para ese Nuevo Orden Económico Mundial se sostenía sobre pocas pero contundentes premisas. El dólar sería, a partir de allí, la moneda de referencia internacional.

Según los acuerdos, quedaba en manos del Tesoro de los Estados Unidos garantizar el precio del oro en treinta y cinco dólares la onza, no existiendo limitaciones para que Washington entregase dólares en lugar de oro.

Se creaba el Fondo Monetario Internacional, en el que Estados Unidos sería el dueño de 31% de las acciones, seguido por Gran Bretaña, con un lejano 14.8%. El objetivo manifiesto de la nueva institución internacional consistía en disponer de los fondos necesarios para financiar los desequilibrios en las balanzas de pagos de los países que tuviesen déficits. A cambio, esos Estados asistidos debían consensuar sus políticas económicas con el Fondo, renunciando, en los hechos, a la soberanía de sus propias economías.

La segunda de las estructuras crediticias que nació en Bretton Woods fue el Banco Interamericano de Reconstrucción y Fomento (luego, parte de la estructura del Banco Mundial). Su objetivo era conceder préstamos de bajo costo a los países asolados por la guerra.

Para Estados Unidos era determinante que los países que habían participado en la contienda, especialmente los europeos, pudiesen reconstruir sus economías y sus ciudades, si aspiraba a no quedarse sin clientes capaces de acoger sus exportaciones. No se trataba de establecer medidas solidarias, sino de sentar aquellas que asegurasen sólidos mercados.

Pero en esencia, los acuerdos de Bretton Woods tenían como propósito liberar el comercio y las finanzas internacionales de todo tipo de regulaciones y controles, salvo, por supuesto, los del propio Estados Unidos.

En un trabajo destinado a analizar las ideas de Richard Peet sobre los organismos internacionales, Gloria Naranjo dice, refiriéndose al objetivo final buscado en aquellos encuentros:

"El comercio internacional en el nuevo escenario político y económico se transforma en un instrumento de poder nacional, es decir, 'un Estado-Nación utiliza todo el sistema para subordinar a otras naciones económicamente más débiles, por ejemplo mediante un comercio desigual, que hace a los países menos desarrollados dependientes de los más desarrollados'. Éste es el orden económico y geopolítico que ha prevalecido desde la posguerra hasta el presente, según Peet, quien además afirma que Bretton Woods fue concebido en un mundo ya caracterizado por relaciones de desigualdad en lo relativo al desarrollo económico".

Si bien, inicialmente, los acuerdos de Bretton Woods no respondían de manera acabada al modelo neoliberal que echaría bases hacia mediados de los años 70, tenía como una de sus misiones principales herir de muerte al keynesianismo.

Así las cosas, el fin de la Segunda Guerra Mundial, los forzados alineamientos de Bretton Woods y el comienzo de la Guerra Fría entre Estados Unidos y la Unión Soviética inauguraron un tiempo histórico caracterizado por aspectos contrapuestos: conflictividad política entre los bloques hegemonizados por una y otra potencia, acompañada de bonanza económica, en especial para "Occidente".

De hecho, los veinticinco años que transcurrieron entre el final de la guerra y el comienzo de la década de los 70 fueron considerados por muchos economistas la edad de oro del capitalismo en el siglo XX.

El Tesoro estadounidense se transformó en una suerte de banco central de la parte del mundo que dominaba, y repartió préstamos a quien los necesitara con la condición de que sus productos y sus directivas no hallasen barrera alguna. Además de regular las condiciones que le fueran propicias, ese capital financiero pasó a ser un arma con una contundencia que no tenía artillería alguna. Y por si fuera poco, obtenía ganancias a veces más que apetecibles, y otras, decididamente escandalosas.

Desde luego, la descontrolada emisión de billetes verdes que el sistema requería guardaba poca relación con las reales reservas en metálico, y se estaba montando una bomba que indefectiblemente tendría que estallar alguna vez.

También, en ese cuarto de siglo de "vacas gordas", varios países de América Latina comenzaron a ensayar la puesta en marcha de procesos político-económicos que priorizaban modelos de industrialización autónoma, tendientes a romper la dependencia de Estados Unidos.

A Washington, nada de eso le hacía gracia.

Luces de advertencia

Desde la última semana de julio de 1944 hasta el domingo 15 de agosto de 1971, la mayoría de los países del mundo trataron de manejar su balanza de pagos con una lógica de hierro: era imperioso exportar más de lo que se importaba para conservar el oro necesario que les permitiese continuar comerciando con el mundo. En realidad, no eran los lingotes dorados los que se acumulaban como reserva en los diferentes países; eran dólares, que a la sazón significaba lo mismo.

Por entonces, al menos hasta los finales de la década de los 60, nadie dudaba que las veinte mil toneladas del precioso metal que descansaban en la blindada base militar de Fort Knox, en el estado de Kentucky, tuvieran su correlato con el billete verde que mandaba a imprimir la Reserva Federal estadounidense.

Sin embargo, para los sucesivos gobiernos que pasaron por la Casa Blanca desde la firma de los acuerdos de Bretton Woods hasta ese fatídico domingo de agosto, conservar el delicado equilibrio comercial resultaba ocioso. Primero porque, durante muchos años, el país, en efecto, exportaba más de lo que importaba. Después, porque sólo Washington podía imprimir los billetes que eran admitidos como si, efectivamente, fueran un trocito del oro que se custodiaba en Fort Knox.

Algunos datos, empero, comenzaban a encender luces amarillas, y Francia y Gran Bretaña, especialmente, pronto las detectaron. Al cabo de la Segunda Guerra Mundial, el Producto Bruto estadounidense equivalía, aproximadamente, a 65% de la suma del Producto Bruto de las quince economías más pujantes del mundo. Al comenzar los años 60, ese porcentaje había descendido hasta 35%, lo que no era poco.

Es cierto que parte de la caída podía atribuirse al resurgimiento económico de varios países de Europa, pero también era verdad que un insumo crucial como el petróleo, que hasta comienzos de los 60 Estados Unidos exportaba, se volvió insuficiente para las necesidades de la economía estadounidense y comenzó a ser importado. A eso, había que sumarle el notable aumento de exportaciones que habían logrado Alemania y Japón, haciéndose con parte de los mercados a los que antes les vendía Estados Unidos, y penetrando en el propio mercado estadounidense.

Pero había más lucecitas amarillas o casi naranjas.

La Guerra Fría librada entre soviéticos y estadounidenses empujaba a ambas superpotencias a un involucramiento cada vez mayor en el ramillete de conflictos bélicos que explotaron de inmediato en la posguerra. Y Vietnam coronó el proceso. Rusia se limitó a abastecer económica y militarmente al Viet Cong, pero Estados Unidos decidió involucrarse directamente en el conflicto entre Vietnam del Sur y Vietnam del Norte.

Francia, que ya había saboreado la hiel de la derrota en Indochina y sabía de la sangría económica que producía este tipo de conflictos, supuso, con toda lógica, que el presupuesto estadounidense entraría en una fase deficitaria; que ese déficit se cubriría con emisión, desvalorizando al dólar, y comenzó a exigir que se canjearan los billetes verdes, que tenía como reserva, por el oro correspondiente. Gran Bretaña le siguió esos pasos y el oro comenzó a desaparecer de Fort Knox.

Un remplazo vital

En paralelo, durante los años de mayor bonanza, tanto en Estados Unidos como en los países más poderosos de Europa no sólo los bancos habían crecido mucho, sino que se habían transformado ya en firmas multinacionales con capacidad para especular financieramente con las monedas de los distintos países.

Discretamente comenzaba a gestarse una nueva fase del capitalismo que iba a alejarse de modo gradual del liberalismo económico que había dominado todo el siglo XIX y los primeros años del siglo XX.

A mediados de la década de los 50, en la Universidad de Chicago había nacido una corriente de pensamiento económico liderada por Milton Friedman y George Stigler que, basándose en el libre mercado más absoluto y en un estricto régimen monetario, aspiraba a sepultar definitivamente todo vestigio de keynesianismo.

Con todos estos componentes sobre la mesa, llegó aquel 15 de agosto de 1971, que el economista Marco Antonio Moreno describió así en uno de sus trabajos:

"En los primeros meses de 1971, Henry Hazlitt y Paul Samuelson recomendaron al gobierno de Richard Nixon que el dólar tendría que devaluarse fuertemente, dado que sería necesario aumentar el número de dólares que se necesitarían para obtener una onza de oro del Tesoro de Estados Unidos. Pero Nixon no tomó en cuenta el consejo de Hazlitt y Samuelson, porque siguió las indicaciones de Milton Friedman, quien le sugirió la idea de dejar flotar libremente al dólar y eliminar la convertibilidad del dólar en oro, dado que la divisa internacional valía por el propio respaldo que ofrecía el gobierno de los Estados Unidos, locomotora económica mundial".

Así se hizo. Nixon anunció al mundo que el sistema monetario internacional, basado en el patrón oro, acababa de ser sepultado unilateralmente por Estados Unidos.

Apunta más adelante Moreno:

"Las consecuencias de ese fatídico día fueron que todos los países (que podían) comenzaron a acumular dólares, como una expansión del crédito de los Estados Unidos que avanzaba sin freno, y ahora, sin las restricciones impuestas por Bretton Woods. El resto del mundo se vio obligado a acumular reservas en dólares y estas reservas tenían que ser siempre crecientes, dado que a la menor señal de que las reservas de un país caían, se despertaban los especuladores monetarios que podían atacar la moneda de ese país y destruirla con una fuerte devaluación".

En efecto, un nuevo monarca se probaba ostensiblemente la corona en el reino de la economía global: el sistema financiero.

Se había derrumbado la última barrera de la racionalidad: el oro como limitante y equilibrante entre transacciones comerciales, crédito y reservas.

El mundo ya era otro.

Algo más murió en Saigón

La década de los 70, que clausuraba un cuarto de siglo de bonanza económica, llegaba con sucesos que proyectarían sus efectos con virulencia hacia las décadas siguientes. La caída del patrón oro, por supuesto, pero también la primera derrota bélica de Estados Unidos, en Vietnam; la guerra de Yom Kippur entre Israel y casi todo el mundo árabe, que derivaría en la primera gran crisis del petróleo; y el triunfo del monetarismo de la Escuela de Chicago en el diseño de la política económica estadounidense y, consecuentemente, en buena parte del mundo desarrollado.

Petróleo y guerra habían sido dos de los principales factores que empujaron a Richard Nixon a desentenderse de los compromisos firmados y patrocinados por Washington en Bretton Woods, pero además se inauguraba un ciclo impensado para los estadounidenses de posguerra: el de un país con déficit permanente y creciente.

Vietnam terminaba con una larga historia de triunfos bélicos y con la ilusión de omnipotencia militar largamente sembrada en la población; había subido al escenario un nuevo tipo de guerra, una no convencional y para la que, a todas luces, el poderoso Ejército estadounidense no estaba preparado, y que les costaba a los estadounidenses millones de dólares que sólo podían obtenerse gracias a las máquinas de imprimir billetes.

La derrota, entonces, no sólo había sido militar. Entre sus múltiples consecuencias sociales y económicas, Vietnam le dio visibilidad a un monstruo voraz que exigiría guerras y más guerras para satisfacer su apetito económico. Era el aparato industrial-militar. Vietnam había matado al mito nacido tras el final de la Segunda Guerra. Siempre lúcido, dirá Ignacio Ramonet:

"La caída de Saigón marca el final de un tiempo. El de la supremacía de un Estados Unidos blanco, seguro de sí mismo y dominador".

El desbarajuste economicofinanciero mundial producido por el abandono unilateral del patrón oro por parte de Estados Unidos marcaría un nuevo tiempo político, social y cultural en la mayoría de los países de Occidente. Era el fin de un sistema monetario universal. En paralelo, el símbolo de la libertad, la igualdad de oportunidades, el progreso y, en suma, "el sueño americano" se había hecho añicos en la selva vietnamita.

Regresemos a Ramonet:

"En los años 60 y 80, si bien Estados Unidos sigue dominando Occidente por su potencial militar y económico, deja de constituir un modelo de sociedad a imitar por parte de Europa. Nadie quiere vivir como los estadounidenses, estresados por el trabajo, asustados por la violencia, angustiados por el porvenir. Un Estados Unidos que se percibe globalmente en crisis, tanto ideológica como económica e incluso tecnológica y cultural".

Y si Vietnam cerraba un ciclo de bellas ilusiones y pretendidas omnipotencias, el petróleo abría otro; uno feroz y sanguinario.

La sangre negra

El nuevo "oro" traía bajo el brazo una diferencia fundamental con el dorado metálico: su fortaleza no dependía de economistas, banqueros o presidentes todopoderosos. El petróleo era la sangre que debía necesariamente correr por las venas de un Occidente altamente industrializado. De él dependía su vida. Y por él se mentiría, se mataría, se generarían invasiones y se decretarían altisonantes cruzadas. Sólo los privilegios del sector financieros serían, en el nuevo capitalismo, tan salvaguardados como las cerezas de contar, como fuese, con el oscuro fluido.

En 1968, cuando Naciones Unidas, mediante la resolución 242, instaba a Israel a devolver los territorios ocupados durante la Guerra de los Seis Días y a los países árabes a reconocer a Israel como Estado, ni Washington ni Moscú creyeron que aquel mandato era más importante que la Guerra Fría que estaban librando. Árabes e israelíes desconocieron la resolución (apoyados por la Unión Soviética unos, y por Estados Unidos los otros), y el 6 de octubre de de 1973, el día de la expiación, el perdón y el arrepentimiento sincero para los judíos, estalló la cuarta guerra entre los vecinos del Oriente Medio. Una vez más, soviéticos y estadounidenses medían fuerzas a través de terceros.

La Guerra de Yom Kippur duró apenas treinta y seis días, pero sus consecuencias económicas comenzaron mucho antes de que sonara el primer disparo.

El 23 de agosto de 1973, conscientes del conflicto que se avecinaba, los miembros de la Organización de Países Exportadores de Petróleo (OPEP), integrada básicamente por países árabes, se reunieron secretamente en Riad (Arabia Saudita) y acordaron que se libraría un embargo petrolero a todos aquellos países que apoyaran a Israel en la inminente guerra. Estados Unidos, Holanda y los Países Bajos (además de Israel, por supuesto) fueron las principales víctimas de la medida.

Entre octubre y diciembre de ese año, el precio del petróleo se cuadruplicó. En los países afectados se desató un proceso inflacionario que desembocó en una recesión internacional ("estanflación"), y la Bolsa de Nueva York perdió noventa y siete mil millones de dólares en un mes y medio.

Al mismo tiempo, por la disminución en el consumo se incrementó el desempleo, el empobrecimiento de la población y el déficit comercial de los países.

Algo similar ocurrió en los países emergentes, con un dato adicional: comenzó a crecer la deuda externa, articulando una bomba que estallaría dos décadas más tarde. La "primera crisis del petróleo" no sólo le abrió la puerta a la segunda, que comenzó en 1979, un año después de que la economía internacional comenzara lentamente a recuperarse, sino que instauró un flagelo del que ya la Humanidad no podría librarse en lo sucesivo: el desempleo. La pérdida de puestos de trabajo regresaría circularmente, con más fuerza ante cada nueva crisis económica, motivada ésta, con frecuencia, por previas fiestas especulativas.

Capítulo 6
El triunfo de la especulación

> "Primero nos roban la propiedad de la riqueza creada entre todos, con mil artilugios de ingeniería financiera; después les pedimos que nos la presten, y nos ponen prima de usura por si no les devolvemos los intereses."
>
> José Ignacio Calleja

Como siempre ocurre en la economía en la que para que uno gane otro tiene que perder, la crisis del petróleo, con el colosal aumento que experimentó el crudo en casi todo el mundo, dejó ingentes remesas de dólares en los países productores, árabes en su mayoría.

Gobernados por monarquías o reducidas elites militares, las naciones receptoras de ese incesante flujo de *petrodólares* (como los definió el economista Ibrahim Oweiss) destinaron sólo pequeñas partes a industrializarse y a mejorar la calidad de vida de sus habitantes, optando en cambio, al menos en la mayoría de los casos, por dos tipos de transacciones: la compra de armamentos y el lucro financiero que podían ofrecer los bancos de Europa y, fundamentalmente, los de Estados Unidos.

Nuevos actores se sumaban a sí a la fiesta del lucro financiero, que permite ganar sin saber quién paga esa ganancia, que generalmente se abona con sangre, con trabajo estéril y con bombas de tiempo a no muy largo plazo.

Esos nuevos actores, paradójicamente, volcaban su dinero en inversiones especulativas en las plazas a las que condenaban por tradicionales actitudes semejantes, haciendo suya la frase del viejo John D. Rockefeller:

"No trabaje por el dinero, deje que el dinero trabaje por usted".

Dinero a tasas siderales

En cuanto a Estados Unidos, quien por la puerta desembolsaba más por cada barril de petróleo, recibía por la ventana capitales que entraban al juego financiero y dejaban su buena tajada en los bancos y en el país administrador. Pero todo estaba en transformación y se volvía intrincado y confuso. Sólo el capital especulativo encontraba siempre cauces nuevos para generar dinero del dinero.

Ya por aquellos años, signados por la recesión y la baja tasa de intereses que podían abonar los países centrales si de toma de deuda se trataba, las gigantes entidades financieras eligieron el camino del Tercer Mundo. América Latina, en particular.

México, Argentina o Brasil, que hasta antes de la debacle del petróleo habían debido financiarse con créditos del Banco Mundial o del Banco Interamericano de Desarrollo, cuando no del Fondo Monetario, se encontraron de pronto con abundante dinero fresco que, aunque a tasas elevadas, llegaba para resolverles sin mayores exigencias sus necesidades de financiamiento, en general producto de los procesos de industrialización que muchos de ellos habían encarado, y de los déficits de las empresas públicas gestionadas por gobiernos militares y dictatoriales.

Una última y no menos importante razón era el vínculo ideológico-dependiente que esos gobiernos militares establecían con los banqueros prestamistas. Se les prestaba porque, políticamente, estaban allí para combatir el comunismo y porque, económicamente, se ocuparían de honrar la deuda sobre el hambre de sus pueblos si era necesario, versión financiera de la Guerra Fría.

Las dictaduras de Chile, Argentina, Brasil y Uruguay fueron excelentes ejemplos al respecto.

Sin embargo, hacia mediados de 1979, cuando se desató la "segunda crisis del petróleo", y tanto en Europa como en Estados Unidos las tasas de intereses aumentaron con el propósito de combatir la inflación, el alto endeudamiento que ya había contraído América Latina creció en espiral y fue necesario recurrir a nuevos créditos sólo para pagar los intereses de los anteriores. Y para cerrar la nefasta ecuación, a finales de 1980 se derrumbaron los precios de las materias primas, la principal fuente de recursos latinoamericana y la razón de la subsistencia de millones de personas que mantenían la anacrónica costumbre de vivir del producto de sus manos.

El agobiante endeudamiento de América Latina, que en 1982 era ya de 50% del PNB de la región, debía estallar. Y lo hizo.

No hay cómo pagar

El 23 de agosto de 1982, México debía pagar trescientos millones de dólares en concepto de servicios de la deuda. Tres días antes, el secretario de Hacienda Jesús Silva Herzog Flores les anunció a los acreedores que su país no podría cumplir con ese pago. En las arcas del Banco de México había algo más que la mitad de eso: ciento ochenta millones.

Lo curioso era que tras la crisis económica que México sufriera en 1976, las cuentas fiscales se habían ido ordenando, en línea, incluso, con lo que exigía el Fondo Monetario Internacional.

Empero, como explica la economista Liliana Rojas-Suárez:

"... los intentos de estabilización se vieron interrumpidos en 1977, cuando el descubrimiento de grandes reservas de petróleo condujo al Gobierno mexicano a iniciar una estrategia de crecimiento dirigida por el sector público".

Lo cierto es que, entre 1978 y 1981, la ecuación imaginada por el Gobierno no resultó tal como la había previsto.

Subraya Rojas-Suárez:

"... los requisitos de endeudamiento del sector público aumentaron sustancialmente durante este periodo cuando los grandes excedentes de la compañía petrolera estatal (Pemex) no bastaron para compensar los crecientes desembolsos del sector público. Dentro del contexto de estos grandes déficits, el gobierno recurrió con creciente intensidad al endeudamiento externo como fuente de financiamiento".

El anuncio de Silva Herzog aquel día de agosto de 1982 pudo haber sido sorpresivo para los mexicanos y muchos ciudadanos de América Latina; no para los centros financieros internacionales.

Cuando Paul Volcker, director de la Reserva Federal de Estados Unidos, y devoto admirador de los postulados de Friedman, decidió aumentar la tasa de intereses para combatir la inflación, aun a costa de recesión (monetarismo puro), los capitales volaron a Washington olvidando el hasta entonces lucrativo Tercer Mundo.

La situación empeoró con el ascenso de Ronald Reagan al poder.

La recesión había desalojado a los demócratas del poder, y Reagan optó por quitarle el freno a la economía real regando con dólares que llegaban desde el endeudamiento público al sector con el que él más congeniaba: el aparato industrial-militar.

Para esto, el Tesoro estadounidense emitió deuda con bonos que pagaban jugosos dividendos, y los pocos prestamistas que aún dudaban respecto de cuál sería el mejor destino de sus inversiones optaron, claro, por los bonos estadounidenses; los únicos que jamás dejarían de pagar, porque Estados Unidos tenía la imprenta con la que se fabricaban los dólares.

América Latina no podría entonces devolver sus deudas ni hallar nuevos financiamientos de largo plazo.

Y México era sólo la punta del iceberg.

Pocos meses después, también Chile había caído en una crisis, sólo comparable con la de 1929. La desocupación tocó 25% y el PIB se derrumbó 15% en medio año.

Hacia 1982, la deuda externa latinoamericana se había incrementado, en sólo siete años, de sesenta y ocho mil millones a trescientos dieciocho mil de dólares; a razón de más de treinta y cinco mil millones por año.

Sin dudas, el pedido de moratoria de deuda reclamado por México era sólo el anuncio de un desmoronamiento en dominó. Éste no sólo arrastró a decenas de economías en Asia, África y América Latina, sino que, como costado positivo, barrió también a varias de las dictaduras más sangrientas que habían asaltado el poder, por cierto que impulsadas por el departamento de Estado Norteamericano.

Casualmente había sido un Estado republicano y democrático como México el que, sin proponérselo y sólo blanqueando su estrangulamiento financiero externo, le había propinado un violento puntapié a muchas de las peores tiranías tercermundistas. Otra vez, una crisis económica operaba como partera de profundas transformaciones políticas y sociales.

¿País independiente?

El 26 de mayo de 2010, Attac TV le realizó una entrevista al prestigioso historiador y politólogo belga Eric Toussaint, presidente del Comité para la Anulación de la Deuda del Tercer Mundo.

En ese reportaje, Toussaint abordó dos cuestiones, entre otras tantas: el significado de la deuda externa para los países "en vías de desarrollo" y la gestación de la deuda externa de Haití, casualmente el primer país latinoamericano en obtener su independencia.

Dijo el politólogo belga a propósito de la primera cuestión:

"La deuda pública del Tercer Mundo tiene dos aspectos. Primero es un instrumento de dominación de los acreedores sobre los deudores, o sea, el país deudor depende de las condiciones dictadas por los acreedores, representados por el Banco Mundial, el FMI o el Club de París. Esto reduce considerablemente la capacidad de los deudores del Tercer Mundo de fijar sus propias políticas económicas; o sea, las políticas económicas que les convienen. Éste, por supuesto, no es el caso de Estados Unidos, que aunque es el mayor deudor del mundo, ningún acreedor es capaz de fijarle condiciones, por su rol de potencia mundial.

El segundo aspecto es que la deuda pública de los países en desarrollo constituye un instrumento de transferencia de riqueza desde los deudores a los acreedores. Los países en desarrollo reembolsaron más de cien veces la deuda que tenían en 1970, y hoy se encuentran mucho más endeudados. Para poder pagar los servicios de la deuda contratan nueva deuda, y la deuda externa se transforma en deuda eterna".

A esta última definición de Toussaint se la podría completar subrayando que esa "nueva deuda" que se contrata no supone desembolso alguno por parte de los acreedores, sino que es simplemente un asiento contable, con el cual se multiplican deuda e intereses sin que un solo dólar haya salido del bolsillo de los acreedores.

Respecto de Haití, que se había librado más rápido del ejército mejor adiestrado del mundo que de las garras de las deudas financieras (los financistas nunca pierden), Eric Toussaint explicaba:

"Haití logró ganar su independencia en 1804 gracias a la rebelión de los esclavos negros que derrotaron al ejército de Napoleón. Pero en 1850, la restauración conservadora llegó al poder en Haití, y Francia, antigua potencia colonial, logró que el Gobierno conservador aceptara indemnizar a los antiguos propietarios de esclavos, reconociendo una deuda externa de cincuenta millones de francos oro. Esa deuda se ha seguido pagando hasta hoy en día, porque el volumen a abonar era inmenso, y Haití debió acudir permanentemente a refinanciaciones. Ni hablar, por supuesto, de la nueva deuda que contrajo la dictadura de los Duvalier".

Haití no había siquiera recibido divisas desde el exterior. Sin embargo, su caso, con todo el dramatismo y la desvergüenza que entraña, apenas si es el más escandaloso. El Tercer Mundo rebosa de ejemplos parecidos, apenas barnizados con una pátina de digna operación de altas finanzas u oportuno salvavidas colectivo. Y la República Argentina es uno de esos ejemplos.

Deber sin haber recibido

Hasta el 24 de marzo de 1976, Argentina tenía un nivel de deuda externa relativamente equilibrado y manejable. El Gobierno peronista desalojado del poder tras el golpe de Estado de aquel día de marzo había dejado un endeudamiento aproximado de siete mil millones de dólares, perfectamente cancelables en su totalidad cuando el país se lo propusiera.

Aquélla no era una buena noticia para los centros financieros internacionales, porque ya otro Gobierno peronista, precisamente el del propio Juan Domingo Perón, había logrado lo que para la América Latina de mitad del siglo XX sonaba a milagro: en 1952 su país no le debía un solo peso a los financistas mundiales.

Parte de ese "milagro" tenía que ver con que el país se había desentendido de los acuerdos de Bretton Woods, abandonando la membresía tanto del Fondo Monetario Internacional como del Banco Mundial, algo pregonado como una suerte de suicidio o torpe cerrazón al mundo real.

El descalabro político que acompañó al gobierno de María Estela Martínez de Perón justificó ante buena parte de la sociedad el golpe de Estado, pero las verdaderas razones de la irrupción militar eran otras.

El grupo civil que operaba detrás de la Junta Militar, y que sería el que habría de fijar las nuevas políticas para el país, tenía como una de sus caras visibles a José Alfredo Martínez de Hoz, miembro activo de la vieja oligarquía terrateniente e integrante del Consejo Asesor del Chase Manhattan Bank, entre otros vínculos con financistas internacionales y con empresas extranjeras radicadas en el país.

Y por esos azares de la vida, Martínez de Hoz fue ungido por la dictadura como el nuevo ministro de Economía.

En un estudio privado sobre la deuda externa argentina, explica el economista Elio H. H. Carro:

"Las reservas del Banco Central eran exiguas cuando cayó Isabel Perón, y la deuda ascendía a alrededor de los siete mil quinientos millones de dólares, pero después tales reservas empezaron a crecer, como una forma de demostrar la solidez del sistema, y la posibilidad de afrontar cualquier contingencia. Las divisas empezaron a crecer a través de los malabarismos financieros, y de los falaces asientos contables, donde se endeudaban las empresas públicas, pero sólo ficticiamente, pues el dinero iba a engrosar las arcas del Banco Central para sostener una política monetaria que giraba en torno de una tabla de actualización del dólar. En muchos casos, nos habían prestado a una tasa de 8% anual, y ese mismo dinero que habíamos recibido de un banco extranjero era represtado a ese banco a una tasa inferior".

En otras palabras, el esquema era el siguiente: las empresas públicas solicitaban préstamos al exterior poniendo como garantía sus activos. Los dólares ingresaban, pero lejos de ir a la caja de las empresas solicitantes, iban al Banco Central para que los especuladores financieros pudiesen adquirir en el país dólares baratos y los fugaran al extranjero, atesorándolos en los mismos bancos que luego volverían a prestarle a la Argentina.

El negocio era doble.

Por un lado, se beneficiaban con el diferencial de tasa (se pagaba por los dólares más de lo que cobraba el Banco Central por venderlos), y por otro, con cada préstamo o refinanciación, los acreedores se iban quedando con activos de las empresas públicas (gas, electricidad, teléfonos, agua, petróleo, ferrocarriles, etcétera).

En 1983, cuando un nuevo gobierno constitucional accedió al poder, la deuda externa superaba los cuarenta y cinco mil millones de dólares. Vale decir, una deuda que hubiese podido pagarse con dos años de exportaciones ahora necesitaba nada menos que de los ingresos de seis años.

El sueño de cancelarla por completo había desaparecido.

Suplementariamente, el entonces presidente del Banco Central, Domingo Cavallo, estatizó una deuda privada de catorce mil millones de dólares, gran parte de la cual era producto de autopréstamos; o sea, la casa central le prestaba a su filial en Argentina mediante una operación que sólo era un asiento contable sin remisión de divisas. La operatoria, en sí misma escandalosa, parecía no sorprender a nadie.

En el año 2001, la deuda externa representaba ya 160% del PIB. Eran impagables hasta los intereses, y Argentina cayó en la mayor cesación de pagos de la historia.

Modelo a no seguir

A diferencia de los modelos de industrialización que pretendieron llevar a cabo países como México, Brasil y Colombia, utilizando el endeudamiento para construir una suerte de "fordismo periférico", el diseño financiero especulativo que llevó a cabo la dictadura militar argentina durante los años 70 se reprodujo de manera muy similar con los gobiernos militares que administraron Chile y Uruguay.

El modelo era casi el mismo: monedas locales sobrevaluadas (dólar barato) y altas tasas de interés, con el argumento de que allí residía la mejor medicina para combatir la inflación.

En ese marco, los especuladores tenían la mesa servida: tomaban préstamos en Europa y Estados Unidos a bajos intereses, los colocaban en estos países a tasas altísimas y con la ganancia cancelaban los préstamos tomados y se quedaban con el capital, el cual fugaban extramuros, y el ciclo volvía a comenzar. Así se amasaban fortunas incalculables sin poner en riesgo un solo dólar propio.

A la declarada incapacidad de pago anunciada por México siguieron otras, pero no fue hasta febrero de 1987, en que Brasil solicitó su propia moratoria, que las luces de alarma se encendieron entre banqueros y prestamistas del mundo desarrollado.

Entonces, una batería de planes de "salvamento" para los países del Tercer Mundo se puso en marcha. Al Plan Baker que se había iniciado en 1985 le sucedió el Plan Baker II, tras el colapso de Brasil, y el Plan Brady, ya terminando la década de los 80.

Apunta Joachim Becker:

"No obstante la continua transferencia de fondos hacia el exterior, la deuda externa de América Latina continuó creciendo de trescientos veintiocho mil millones de dólares en 1982 a cuatrocientos cuarenta mil millones de dólares en 1990 [...] En términos de crecimiento, la década de los 80 fue 'perdida'. En muchos países el ajuste recesivo implicaba desindustrialización.

En la relación salarial se podía observar una marcada tendencia hacia la precarización del empleo. Los conflictos de distribución se agudizaron y se desplazaron hacia la esfera monetaria. El resultado fue una inflación alta, a veces culminando en una hiperinflación. Los sectores pobres fueron los perdedores principales de la inflación".

Con todo, América Latina no es (y no fue) la región del planeta más castigada por la deuda externa. África, como había anunciado Patrice Lumumba allá por 1960, ha sido sometida a una nueva forma de esclavitud que reemplaza a los cazadores de personas de otrora, armados con grilletes y cadenas, por usureros de saco y corbata, que someten con sus dólares y con los intereses que cobran por ellos.

La cruz africana

En el continente que fue la cuna de la Humanidad, como en América Latina, una ristra de dictadores sanguinarios, sostenidos por europeos y estadounidenses, funcionaron como capataces de las corporaciones usurarias de allende los mares.

Tiranos como Idi Amin, en Uganda; Joseph Mobutu, en Zaire; Félix Houphouet Boigny, en Costa de Marfil; y Jean-Bédel Bosakka (autoproclamado Emperador Bosakka I) en República Centroafricana, entre otros, comprometieron a sus países con deudas tan leoninas que, como afirma Toussain, y ya citados, dejaron de ser "deudas externas" para ser "deudas eternas".

Sólo entre 1982 y 1999, toda el África subsahariana multiplicó su deuda externa por 3.3 veces (de sesenta y nueve mil millones de dólares a doscientos treinta y un mil millones), pese a haber pagado en ese periodo ciento setenta mil millones de dólares, o sea, 2.4 veces lo que debía en 1980.

Si alguien imaginara que en 1999 el África subsahariana hubiese estado en condiciones de cancelar toda su deuda poniendo un billete sobre otro, habría terminado abonando cuatrocientos un mil millones de dólares por un préstamo original de sesenta y nueve mil, o sea, habría pagado 5.8 veces lo recibido. Si además se dividieran los cuatrocientos un mil millones de dólares por los diecisiete años en que se pagó deuda, la cifra asciende a 23,588 millones por año (vale decir que cada año los pueblos africanos pagaron en calidad de intereses más capital 34% de lo que recibieron originalmente).

En esos diecisiete años analizados, los países del África subsahariana han desembolsado entre diez mil y quince mil millones de dólares en concepto de servicios de la deuda, algo así como 5% de sus PIB, lo que supera en 15% el total de lo que les ingresa en concepto de exportaciones.

Entretanto, la región destina, en promedio, 2.3% del PIB a la salud y 6.1% a la educación. ¿Se le puede pedir desarrollo?

Si bien a partir de 2000 los organismos de crédito internacionales y los países ricos decidieron moderar la brutal exacción a que eran sometidos aquellos países, hoy éstos siguen destinando 55% de sus ingresos por exportaciones al pago de una deuda externa que no saldarán jamás.

Aves de rapiña

Si bien es cierto que, ya a mediados de la década de los 70, el reino de la especulación financiera se había abierto camino y comenzaba a ganar la pulseada por dominar el funcionamiento del sistema capitalista en el mundo, fue la crisis de la deuda del Tercer Mundo la que llevó a la "financiarización" al lugar de regente global que ocupa hoy día.

Hasta los años 70, los distintos gobiernos del mundo persistían en la creencia de que la rapiña financiera no debía cruzar determinadas barreras; por ejemplo, atacar a los Estados soberanos. Por entonces, casi no existían tribunales dispuestos a fallar en contra de un Estado ante la demanda de un acreedor privado.

Pero al finalizar la década, el mundo comenzó a cambiar vertiginosamente aquella visión propia del capitalismo productivo y el paradigma del "estado de bienestar".

Nada tenía de casual que en el país más poderoso del mundo, Estados Unidos, y en la potencia europea, Gran Bretaña, llegaran a la primera magistratura Margaret Thatcher, primero, y Ronald Reagan un año después.

El reaganthatcherismo, como se lo conocería más tarde, significaba el triunfo definitivo de un neoliberalismo que abriría de par en par las puertas a un modelo financiero dominante, sin regulaciones y capaz de entender al mundo como una presa a cazar. Alumbraba también un cambio cultural inimaginable a mediados de siglo. Llegaba, como la definiría luego el filósofo Gilles Lipovetsky, "la segunda revolución individualista", y con ella, el "todo vale" y el "sálvese quien pueda".

Bajo las enormes alas de esa ave de presa que fue el reaganthatcherismo, llegaba un conjunto de pequeños carroñeros, que pronto se transformarían en temibles enemigos de los Estados pobres o en dificultades financieras. Eran fondos de inversión privados que la propia jerga financiera bautizó con una denominación más en consonancia con la actividad que practicaban: *buitres*.

Sus nombres tardarían en llegar a la luz pública, pero allí estaban, listos para alzarse con el botín: Elliott Associates y NML Capital, de Paul Singer; EM Ltd. Fund, de Kenneth Dart; LNC Investments y el Donegal Internacional, entre otros.

Conformados por poderosos bufetes de abogados y millonarios especuladores, los buitres desarrollan su negocio a partir de las crisis de los países endeudados; aquellos que ya no pueden seguir desembolsando lo que la deuda externa les exige.

Fuertemente vinculados con políticos, jueces y lobbistas, los buitres adquieren los bonos de esos países en cesación de pagos por 20% o 30% del valor nominal, y luego reclaman judicialmente en tribunales de Estados Unidos y Gran Bretaña el pago del valor nominal del bono más intereses punitorios y costas.

En un trabajo para *Attac Madrid*, los periodistas de la BBC de Londres, Greg Palast y Meirion Jones, describieron una de esas operaciones; acaso una de las más descaradas:

"La empobrecida nación de Zambia estuvo negociando con Rumania para reducir unos cuarenta millones de dólares de deuda contraída en 1979 como préstamo para comprar tractores rumanos. En 1999 Rumania había acordado liquidar el préstamo entero por tres millones. Zambia planeó utilizar los fondos de la cancelación de la deuda para invertir en enfermeras muy necesarias, profesores e infraestructura básica […]. Sin embargo, momentos antes de que fuera concluido el trato, los inversionistas del 'fondo buitre' británico Donegal Internacional convencieron al gobierno rumano de que les vendiera el préstamo justo por debajo de los cuatro millones de dólares, mucho más de lo que Zambia había ofrecido. Donegal entonces cambió todo y demandó a Zambia (donde el ingreso medio es de apenas un dólar por día) por un total de más de cuarenta millones de dólares. A través del pleito, las ONG globales han abogado ante la Corte Superior inglesa para anular el nuevo contrato y permitir que Zambia honre el acuerdo original de tres millones. Pero el 15 de febrero de 2007, una corte inglesa dictaminó que Donegal tiene derecho a mucho más de lo que pretende, por lo menos a quince millones por encima y quizás más".

Podría aducirse que sus señorías británicas, ateniéndose estrictamente a la ley, iban a fallar seguramente a favor del buitre. Lo que resulta, en cambio, sospechoso es la generosidad de los señores jueces yendo más allá de lo que el propio demandante exigía, que era todo.

En términos jurídicos, dicha acción de los jueces se denomina *ultra petita*, o sea, otorgar más de lo pedido por el demandante, y se la considera, como mínimo, un severo vicio procesal. Para muchos códigos del mundo, la acción se equipara con la estafa y entra en el ámbito de la justicia penal. Cabe preguntarse cuál es la razón por la que sus señorías, los jueces, deciden correr semejante riesgo.

Pero regresemos al trabajo de Palast y Jones y las preciosuras del buitre británico:

"Donegal no tiene ninguna historia de misericordia hacia las naciones empobrecidas. En 1996 pagó once millones de dólares por una deuda peruana descontada y amenazó con arruinar al país a menos que pagaran cincuenta y ocho millones. Donegal consiguió su dinero. Ahora está demandando al Congo Brazzaville por cuatrocientos millones de dólares por una deuda que compraron en diez millones".

Cruzados moralizadores

Con sus anteojos de marco redondo tipo John Lennon, su barba blanca, su pelo corto y raleado, Paul Elliott Singer creó su fondo de inversiones en 1977, y acompañó todo el proceso de reestructuración de deuda soberana del Tercer Mundo que llevó adelante el Fondo Monetario Internacional. Sabía que allí había posibilidades de hacer buen dinero.

El trabajo, sin embargo, tenía sus bemoles. Junto a su socio Jay Newman (para muchos, el verdadero cerebro de Elliott Associates) debían procurarse excelente información y agenciarse de muy buenos amigos; para empezar, los presidentes de Estados Unidos.

Les fue muy bien aportando a las campañas de los Bush, aunque perdieron la apuesta con Romney. Sin embargo, ya en 2012 administraban quince millones de dólares y contaban con una red mundial de periodistas, jueces y políticos adeptos, por lo que la derrota del republicano no les quitó el sueño.

Héctor Timerman, canciller de Argentina, país al que viene atacando Singer desde que ese Estado reestructuró su deuda, ha escrito:

"Aunque Paul Singer haya sido por muchos años el mayor donante a las campañas del Partido Republicano, no deja nada al azar: cuando las encuestas reflejaron un cambio político durante la presidencia de George W. Bush, designó a demócratas para dirigir el grupo de trabajo creado para hacer *lobby* en contra de Argentina".

Luego de pasar revista al modo en que operan los buitres y ejemplificar los ataques que han descargado sobre países de África y América Latina, Timerman lanza un desafío:

"Si Argentina le gana a Paul Singer y a otros, la consecuencia podría ser un mundo en el que las acciones de los fondos buitres contra los países en desarrollo sean cosa del pasado. Un mundo libre de estos carroñeros beneficiaría no sólo a la Argentina, sino también a otras naciones pobres de África y América Latina. Alentamos a todas las naciones y organizaciones de buena voluntad a que nos ayuden a deshacernos de ellos".

Curiosamente, los dueños de Elliott Associates, que tiene sede en Isla Caimán para no pagar impuestos en Estados Unidos, no se asumen a sí mismos como "carroñeros", tal la definición de Timerman, sino como una suerte de muchachos "justicieros" que marchan por el mundo en desarrollo disciplinando a gobiernos inmorales. Y Jay Newman, socio de Singer, lo proclama a los cuatro vientos:

"Los fondos como el nuestro mantienen en jaque el *'moral hazard'* [riesgo moral] propio de las suspensiones de pagos de gobiernos corruptos".

Desde luego, más allá de la función "moralizadora" que tendría el vuelo depredador de los buitres, según Newman, no cualquier "gobierno corrupto" merece ser disciplinado por estos fondos. Se trata de ser capaces de ponderar si el país en cuestión tiene posibilidades de reanimarse, aunque sea un poco, y recobrar algo de capacidad de pago.

El propio Newman lo ha explicado:

"No adquirimos la deuda de los países que no tienen medios para pagar".

En esos casos, claro, ya no están tan convencidos de mantener en jaque el *"moral hazard"*. Singer expuso aún más claramente la política de su empresa:

> "Nuestro objetivo principal es encontrar casos de bancarrota donde nuestra capacidad de controlar o influir en el proceso es lo que determina el valor".

No es razonable, sin embargo, suponer que este tipo de operaciones ultraespeculativas sería posible sin el marco político y jurídico internacional que presta un modelo capitalista gobernado por los especuladores financieros.

La rapiña global

No es casual que, tras la crisis de la deuda del Tercer Mundo, los países centrales permitieran y hasta alentaran que en las nuevas emisiones de deuda, los gobiernos deudores aceptaran firmar una cláusula según la cual los acreedores privados podrían litigar en tribunales extranjeros en caso de incumplimientos de pago.

Tampoco que la Corte Suprema de Estados Unidos dictaminara que la emisión de bonos soberanos podía ser considerada una actividad comercial como cualquier otra.

Y, por fin, no es azaroso el libre movimiento de los capitales en favor de la economía especulativa.

Un agudo analista del mundo de las finanzas y la usura como Michel Drouin definió con precisión esta última fase del capitalismo que, trocando economía productiva por economía especulativa, les hizo crecer las alas y las garras a los buitres:

> "El desarrollo de los flujos de capitales internacionales, impulsado por la desregulación y la descompartimentación casi general de los mercados financieros, hizo de los años 80 el decenio de la mundialización financiera".

Y agrega más adelante:

"Las operaciones financieras, cuyo volumen estaba ya desconectado del volumen de las transacciones en bienes y servicios, se hicieron autónomas, es decir, movidas no por la lógica de las transacciones corrientes sino por la de los movimientos de capitales [...] El carácter especulativo de esta lógica de crecimiento permite hablar del surgimiento de una economía internacional de la especulación".

Hasta hace apenas unos pocos años, la actividad de los fondos buitres se había centrado en lucrar con las cesaciones de pagos de los países en desarrollo y, eventualmente, en mercar con la bancarrota de ciertas empresas, incluso en Estados Unidos.

Al mundo desarrollado, entonces, no parecía inquietarle demasiado la actividad de estos fondos ultraespeculativos. Todo comenzó a cambiar cuando, en 2008, el estallido de la burbuja de las hipotecas en Estados Unidos lanzó su onda expansiva sobre Europa.

Antes de la reestructuración de la deuda griega, otro de los gigantes buitres, Dart Management, de Kent Dart (el hombre que vive en Caimán y se hizo ciudadano de Belice para no dejarle un solo dólar al Tesoro estadounidense), compró parte de la deuda del país a 25% de su valor. Un mes después, ya había embolsado cuatrocientos millones de euros, cuando el gobierno griego aceptó pagar antes de que Dart llevase la cosa a juicio.

La ruta marcada por el hombre de Belice rápidamente fue seguida por otros buitres, que adquirieron bonos griegos por entre seis mil y siete mil millones de euros (a 30% de su valor), lo que los preservaba de que se los obligase a entrar en una renegociación.

Grecia, tanto como los países en desarrollo, ha debido ceder su soberanía jurídica. Serán, entonces, los tribunales ingleses, alemanes, suizos o estadounidenses los que atenderán las demandas de los buitres cuando éstos litiguen para exigir que el país pague el precio nominal de los bonos más intereses punitorios y costas. España, Italia, Portugal e Irlanda, eventualmente, serán las nuevas presas.

Capítulo 7
Recetas indigestas, remedios tóxicos

> "Es hipócrita pretender ayudar a los países subdesarrollados obligándolos a abrir sus mercados a los bienes de los países industrializados y al mismo tiempo, proteger los mercados de éstos, porque así hacen a los ricos más ricos y a los pobres más pobres."
>
> Joseph E. Stiglitz

Al terminar la década de los 80, crisis de la deuda mediante, América Latina en particular y el mundo subdesarrollado en general exhibían un rostro diferente del que tenían cuando finalizaba la década anterior.

Se habían sucedido una serie de cesaciones de pago en cadena y con ellas surgía la posibilidad cierta de que el Tercer Mundo dejase de transferir riqueza a los países desarrollados. Pero también habían sucedido otros dos hechos que transformaban el rostro del planeta entero: en 1989 cayeron los últimos ladrillos del socialismo en el mundo (con excepción de los de Cuba y China) y, de mitad de la década hacia adelante, el capitalismo productivo había cedido su corona al neoliberalismo y su paraíso financiero.

El derrumbe final de la Unión Soviética, que se inició con la Perestroika de Gorbachov en 1982, y la caída anterior o posterior de toda su área de influencia, acabaron con la Guerra Fría. Estados Unidos quedó como la única superpotencia mundial, Fukuyama anunció "el fin de la historia" y en dominó fueron desapareciendo, una tras otra, todas las dictaduras militares latinoamericanas. Washington ya no las necesitaba.

Una vez más, una crisis financiera reconfiguraba el mundo. Y de los paradigmas de la posguerra casi ya no quedaba nada.

El triunfo de las finanzas

Aquellos dos hechos (el final del socialismo y el triunfo de las finanzas), junto con la flamante hegemonía planetaria de Estados Unidos, exigían nuevas formas de comportamiento político-económico, y nuevos alineamientos, ahora detrás de la comandancia ejercida por Washington.

Aquel 1989, en la soledad de su escritorio y por sugerencia del Departamento de Estado, John Williamson, un economista británico que había trabajado en el Departamento del Tesoro de su país y un par de años en el Fondo Monetario Internacional, se dispuso a redactar lo que, desde ese momento, Estados Unidos les exigiría a los países en desarrollo, aunque más tarde la "ley" debería cumplirse también en el Primer Mundo.

El documento, que Williamson tituló *What Washington Means by Policy Reform* ("Lo que entiende Washington como reforma política"), enumeraba los diez puntos principales que, desde la Casa Blanca, se les exigiría a los países subdesarrollados en materia económica y comercial.

La hoja de ruta, a la que se conocería como Consenso de Washington y que vería la luz el año siguiente, reflejaba, sin dudas, el apabullante triunfo del "mercado" sobre los Estados. Dibujaba un modelo político y económico globalizado que ponía a las finanzas por encima de la producción y de la gente.

Las nuevas normas que los países debían respetar para no convertirse en parias eran:

- *Disciplina presupuestaria.* Riguroso equilibrio entre ingresos y egresos, lo que en el caso de países muy endeudados dejaba poco margen para gastos sociales.

- *Reasignaciones en el gasto público.* Se exigía que éste se concentrase en salud, educación e infraestructura, eliminando todo tipo de subsidio que, a los efectos de que los ciudadanos tuviesen mayor acceso al consumo, algunos países otorgaban, por ejemplo, al transporte, a la energía, etcétera.

- *Reforma fiscal.* Se pedía ampliar la base tributaria.

- *Liberalización financiera, en especial de los tipos de interés.* En este punto fincaba una de las mayores concesiones a los bancos, a las entidades financieras, a prestamistas y especuladores.

- *Tipo de cambio competitivo para la moneda del país.* La norma, que parecía razonable desde el punto de vista productivo, escondía su funcionalidad para con los especuladores que, mediante "corridas" cambiarias, forzaban a los gobiernos a que produjeran grandes devaluaciones de sus monedas, con el consiguiente beneficio para los especuladores, y fuertes deterioros en los salarios y los niveles de vida de las poblaciones.

- *Liberalización del comercio internacional.* Se buscaba con esto reducir a los países en desarrollo a la condición de ser, simplemente, exportadores de materia prima, ya que sin cierto proteccionismo ninguno sería capaz de competir con las manufacturas de los países avanzados.

- *Apertura a la entrada de inversiones extranjeras directas.* Lo que se exigía, en rigor, era el libre tránsito de los capitales especulativos que, jugando con el tipo de cambio de las monedas, obtenían pingües ganancias y financiaban la fuga de divisas.

- *Privatización de las empresas públicas.* En la medida en que dichas empresas públicas eran monopólicas (luz, gas, teléfono, etc.), los compradores privados tenían aseguradas una buena ganancia, la no competencia y la capacidad para ser formadores de precios. Por regla general, estas privatizaciones se hicieron de un modo ruinoso para los países: los futuros compradores adquirían bonos de la deuda del país a la mitad de su valor, o menos, y los cotizaban a valor nominal para la compra.

Si les faltaba dinero, pedían préstamos en los bancos del propio país y los cancelaban con las ganancias que les daban las empresas adquiridas. Otra modalidad era que la casa matriz de la compañía compradora funcionara como prestamista, con lo cual la devolución del capital prestado se transformaba en una gigantesca deuda para la ex empresa estatal, y ello justificaba luego despidos y aumentos de tarifas.

• *Desregulación de los mercados.* Otra enorme concesión a bancos, especuladores y financistas. Lo que exigía Washington era que los Estados no ejercieran ningún tipo de control sobre operaciones y maniobras financieras. Especulación con divisas, fuga de capitales y "corridas" contra las monedas de los países debían quedar fuera de la mirada y el poder de policía de las autoridades nacionales.

• *Protección de la propiedad privada.* Con la máscara de la reafirmación de un derecho fundamental del capitalismo, Washington encubría la decisión de hacer prevalecer el patrimonio individual por encima de cualquier bien común o necesidad social. Ésta fue la regla en la que se basaron los buitres para litigar contra los Estados soberanos. El lucro de los especuladores debía ser más sagrado, prevalente y protegido que la supervivencia de un pueblo.

Los gendarmes que Estados Unidos ponía al servicio de las normativas enumeradas por Williamson eran: el Fondo Monetario Internacional, el Banco Mundial y la Organización Mundial de Comercio que se encaminaba a nacer. Desde luego, también supervisaría los cumplimientos el propio Departamento de Estado estadounidense.

Los resultados de semejante recetario debían ser desastrosos… y lo fueron.

Pocas síntesis mejores que la que hizo Noam Chomsky:

"Sólo en Rusia, estimaba una encuesta de UNICEF en 1993, se produce medio millón de muertes adicionales al año como consecuencia de las 'reformas' neoliberales que este organismo apoya en términos generales. El encargado de la política social rusa calculaba recientemente que 25% de la población ha caído por debajo del nivel de subsistencia, mientras los nuevos mandatarios han acumulado inmensas riquezas, repitiéndose así la pauta habitual en las colonias de Occidente. También son conocidos los efectos de la violencia a gran escala que se ejerce para asegurar el 'bienestar del sistema mundial capitalista' [...] Éstos son algunos rasgos del orden global dentro del que se ha forjado el Consenso de Washington".

Una prolífica idea

Al comenzar el siglo XX, un joven autodidacta de Nueva Jersey con conocimientos de economía, periodismo y finanzas decidió redactar y publicar un manual de valores industriales. Éste proporcionaría información y estadísticas respecto de acciones y bonos de empresas privadas y públicas, y sobre emisión de deuda del Estado.

Corría el año 1900; la original idea era de John Moody, y el manual, que en menos de tres años se había convertido en el mayor *best-seller* de su tiempo, se llamaba *Manual Moody de valores industriales y misceláneos*. La empresa que lo producía llevaba por nombre (obviamente) Moody & Company.

Pero en 1907, la dura crisis financiera con el derrumbe generalizado de la Bolsa de valores halló a Moody & Company sin capacidad económica para soportar la caída de las ventas; debió vender el manual y marchar a la bancarrota.

Dos años más tarde, el obcecado Moody volvió al ruedo trayendo bajo el brazo una nueva idea. Ya no se limitaba, simplemente, a proporcionar información sobre acciones y bonos sino que, ahora, ofrecía a sus clientes un profundo análisis financiero sobre la calidad de los títulos y los niveles de riesgo que podían presentársele al inversionista.

Salió al mercado con un nuevo manual en el que analizaba específicamente la emisión de deuda de los ferrocarriles, pero pronto amplió el horizonte a bonos y acciones de otras corporaciones. Ni soñaba con su futura trascendencia.

Para 1914, las evaluaciones de riesgo de Moody se habían convertido en una suerte de palabra santa para los inversores, y era raro que alguien arriesgara sus dólares en acciones o bonos que no habían superado la prueba a la que los sometía el ojo severo del hombre de Nueva Jersey.

Aquel joven, que en 1900 tenía treinta y tres años y se había procurado solo los conocimientos que poseía, era, sin que él mismo lo supiera, el fundador de las agencias calificadoras de riesgo, que hacia las últimas décadas del siglo en que nacieron ya se habían convertido en protagonistas determinantes de la marcha de las finanzas y las inversiones en el mundo.

Sin embargo, entre el modelo de negocio original que había puesto en marcha John Moody y el que luego se generalizaría había un factor diferencial que destruiría transparencia, fiabilidad y objetividad. El factor era: ¿quién pagaba por el trabajo de la agencia?

¿Evaluar, calificar o falsear?

Moody's, y también Fitch tanto como Standard & Poor's, las tres calificadoras de riesgos que se alzarían con 90% del mercado, habían comenzado sus negocios teniendo como clientes a los inversores, o sea, a quienes iban a arriesgar capital contra la solvencia y capacidad de pago de las empresas en las que invertían.

Por entonces, como sucede en la actualidad con las agencias de noticias, las calificadoras de riesgo le vendían sus evaluaciones a un grupo de suscriptores que pagaban por el servicio. De tal modo, el análisis financieroeconómico a que eran sometidas las distintas empresas que lanzaban sus acciones a la Bolsa era absolutamente riguroso, serio y minucioso, ya que las agencias debían, de muchas maneras, responder por las inversiones que aconsejaban a sus clientes. Cuanto más precisas fueran las evaluaciones, más segura sería la inversión y más clientes acudirían a la agencia.

Sin embargo, poco antes de terminar el siglo, el modelo de negocio cambió. Ya no eran los inversores quienes pagaban por el trabajo de las calificadoras, sino las empresas que decidían emitir deuda. Vale decir: el cliente ahora estaba del otro lado del mostrador. Pagaba para que se lo evaluara y si esa evaluación no le resultaba satisfactoria a la empresa contratante, la calificadora perdía el cliente.

Entonces, rigurosidad, transparencia y objetividad se fueron por la canaleta.

La explicación que se esgrimió para tan radical cambio de paradigma fue que, en la medida en que eran los Estados los mayores colocadores de deuda, la evolución de las calificadoras debía de estar al alcance de todo el mundo y no sólo de un restringido grupo de suscriptores.

La realidad fue, en cambio, que lo que podían pagar las grandes corporaciones para que se evaluaran sus acciones superaba considerablemente lo que pagaban los suscriptores.

Por tal razón, por ejemplo, ni Enron ni Lehman Brothers perdieron la calidad de sus calificaciones en los días previos a la bancarrota de ambas empresas, pese a que ninguna agencia ignoraba el derrumbe que se venía.

Pero, claro, hay mucho más que eso.

La crisis de la deuda de los países en desarrollo había dejado a inversores y deudores varias enseñanzas, pero una en especial fue atesorada por financistas y especuladores internacionales. El riesgo de repago de los países (el célebre "Riesgo país") se vinculaba directamente con el nivel de intereses que cada país debía abonar por los préstamos.

El Riesgo país está determinado por las evaluaciones de las economías nacionales que hacen las calificadoras de riesgo. Y como, obviamente, no son los Estados quienes contratan los servicios de las calificadoras de riesgo, al menos permanentemente, las calificadoras evalúan en línea con las necesidades de quienes sí son clientes, rebajando la calidad de la calificación de los países para permitir que el lucro de los prestamistas sea mayor.

Dice el científico social español Vinceç Navarro:

"Estas agencias son meros instrumentos de aquellas instituciones que, en gran parte, las financian. De ahí que siempre valoren muy positivamente los productos de las instituciones que las financian (sean bancos, compañías de seguro u otros), mientras que valoran negativamente a ciertos productos si ello favorece los intereses de tales instituciones financiadoras. De nuevo, la evidencia de ello es abrumadora. Esto fue reconocido por el vicepresidente de una de ellas, la famosa Moody's, que tras dejar la compañía declaró a la Comisión Federal de Estados Unidos encargada de analizar las causas de la crisis financiera, que lo más importante para tal agencia no era la objetividad en sus estudios del valor de los productos financieros, sino la satisfacción de sus clientes que financiaban tales estudios".

Primas hermanas de los fondos buitres e instrumento disciplinador al servicio de los países regentes del Consenso de Washington, las calificadoras de riesgo no sólo han dejado en el camino, hace años ya, su verdadera función de orientar a los inversores, sino que se han transformado en el hacha del verdugo para los países más pobres y endeudados, y para aquellos que, especialmente en el sur de América, desafían el recetario neoliberal implantado a sangre y fuego en una parte de Europa.

Hacer bien los deberes

En 1988, Carlos Salinas de Gortari se convirtió en presidente de los mexicanos. Formado como economista en la Universidad Nacional Autónoma de México, continuó sus estudios en la Universidad de Harvard, en los años en los que Estados Unidos libraba su Guerra Fría contra la Unión Soviética y ungía dictaduras en América Latina, y en que los monetaristas de la Universidad de Chicago atravesaban los portales de la Casa Blanca llevando su recetario económico.

Aunque no sería el último presidente priísta del largo periodo en que el partido ocupó el poder (Zedillo, su sucesor, sí lo sería), Salinas llegaba al Palacio Presidencial con dos objetivos muy claros: alinear a su país dentro de las normas que exigiría el Gran Hermano del Norte (lo que sería bajo el cercano Consenso de Washington) y firmar con los dos gigantes de la región, Estados Unidos y Canadá, el Tratado de Libre Comercio de América del Norte.

Los objetivos de quien había sido el secretario de Programación y Presupuesto de Miguel de la Madrid eran reducir el gasto público y favorecer la entrada de inversiones extranjeras al país. Las privatizaciones de las empresas públicas cumplirían, según su visión, el primer objetivo, y la firma del Tratado de Libre Comercio, el segundo.

Era claro que los seis años que fueron desde la crisis del 82 al 88, periodo en el que gobernó Miguel de la Madrid, la situación económica de México había sido, cuando menos, de estancamiento. La caída en el precio del petróleo, que redujo ingresos por exportaciones, la subida internacional en las tasas de intereses que propició fuga de capitales y todo el proceso de renegociación de la deuda, tanto pública como privada, dejaron al país en una situación de debilidad que obligó a De la Madrid a aceptar el recetario fondomonetarista a fin de conseguir un préstamo de cuatro mil millones de dólares que equilibraran las deficitarias finanzas públicas.

Inflación, recesión y balance negativo en el saldo de cuenta corriente fueron las principales luces rojas que Salinas decidió apagar apenas asumió la primera magistratura.

La problemática no era sólo de México, claro, y en la base de lo que sobrevendría anidaban dos factores determinantes: el peso y el aumento de la deuda externa, y la absoluta desregulación de los capitales, que podían volar sin trabas de una punta a otra del planeta de la noche a la mañana.

Para atacar la inflación, el nuevo presidente, Salinas de Gortari, optó por ajustar las finanzas públicas (con despidos, privatizaciones de empresas públicas y recorte de gastos) y dejar flotar el tipo de cambio, anclado hasta el momento.

Para reanimar la economía, Salinas firmó el Tratado de Libre Comercio de América del Norte con el que, suponía, llegarían inversiones productivas. Como parte del mismo tratado, debió liberalizar barreras arancelarias, abriendo las fronteras mexicanas a los productos y capitales especulativos que llegaban desde el extranjero.

El razonamiento del nuevo gobierno tenía, empero, un contrasentido que el atronador discurso monetarista que llegaba desde Washington impedía registrar.

El flujo de inversiones extranjeras directas podía, en efecto, aumentar la producción, como ocurrió, pero con un mercado interno raquítico, como producto de la merma en la capacidad de compra de la sociedad, resultaba muy difícil que esa tendencia se mantuviera. Y así pasó.

Aun los obedientes pierden

Sin capacidad para competir internacionalmente en forma de exportaciones, y sin un robusto mercado interno listo para absorber una oferta en aumento, el crecimiento de la producción se amesetó y luego comenzó a descender, espantando a los nuevos posibles inversores y retrayendo a los que ya habían llegado.

Como siempre ocurre en estos casos en los que se combinan sobrevaluación de la moneda local que favorece la especulación, ajustes estructurales que alientan el desempleo y disminuyen la capacidad de compra, y bajos niveles de reservas como consecuencia del pago de la deuda externa, el final suele ser espantoso para los ciudadanos del país que pone en marcha semejante maquinaria.

En los seis años en los que Salinas de Gortari gobernó México, se fugaron del país unos ciento cinco mil millones de dólares, y México casi no debió acudir a nuevos préstamos para financiar la fuga porque las inversiones rondaron los ciento un mil millones de dólares.

Pero, aunque lo parecía, la noticia no era buena.

Cerca de 70% de ese monto de inversiones era, en rigor, inversión especulativa, buena parte de ellos "capitales golondrinas", como se los suele llamar.

No había, entonces, una compensación genuina entre "egresos" e "ingresos", y ocurrió lo que debía pasar: el gobierno aumentó las tasas de interés para intentar, a toda costa, retener a los especuladores en el circuito financiero; devaluó en apenas 15% el valor del peso frente al dólar, pese a que nadie ignoraba que la diferencia era, por lo menos, del doble. Para sostener esta devolución ficticia el gobierno debió comenzar a desprenderse de reservas porque la fuga seguía creciendo, y en un solo mes perdió cerca de once mil millones de dólares.

La jugada desesperada, como siempre ocurre, no hizo más que empeorar las cosas para el Estado y engrosar los bolsillos de los especuladores.

En diciembre de 1994, ya con Ernesto Zedillo en el poder, la ficción era insostenible. El peso, que había pasado de 3.50 a 4 por dólar, se devaluó hasta 7.20 en apenas cinco días.

El Error de Diciembre, tal cual lo definió cínicamente Salinas de Gortari para cargarle la maleta del desastre a su sucesor, produjo una fenomenal pérdida del salario de los trabajadores, aniquilación de ahorros de los sectores medios e incapacidad para pagar las deudas en dólares contraídas por los sectores altos y medios de la sociedad.

Junto con la decisión de quitarle tres ceros al peso, México sintió, por esos días, que su clase media había desaparecido para siempre. Sólo los especuladores, como siempre, festejaron el fin de aquel año como otra prolífica etapa.

Los efectos nocivos del tequila

Por fortuna, ni la clase media mexicana había sido extinguida ni México era el gran ejemplo de incompetencia política y económica de una clase dirigente. Simplemente, la tierra de Moctezuma había tenido el desagradable honor de iniciar un final de época.

Estigmatizado, a partir de lo que se conoció como el Efecto Tequila, el país y su debacle pasaron a ser los responsables (por "contagio", según la jerga financiera) de los sacudones que, en efecto dominó, hicieron temblar las economías de buena parte de América Latina y de Asia.

Para Argentina, que por entonces mantenía una relación cambiaria de un peso igual a un dólar (Ley de Convertibilidad), los remezones fueron notorios. Cayeron los depósitos en los bancos, se inició una creciente fuga de capitales, se derrumbó el valor de las acciones, cayó la recaudación fiscal y se inició un proceso de recesión económica.

Algo similar ocurrió en otros países de la región.

Pero la cosa no terminaba allí.

Tres años después de que Ernesto Zedillo anunciara la devaluación del peso mexicano, muy lejos del concurrido Zócalo y del majestuoso Popocatépetl, más precisamente en el sureste asiático, países como Tailandia, Malasia, Indonesia, Filipinas y Corea del Sur habían iniciado un dramático proceso de devaluación de sus monedas locales. Nada muy distinto de lo que ya había vivido México.

Acaso, sólo la magnitud del desastre diferenciaba esta crisis de la padecida por los aztecas. En apenas dos semanas, un millón de tailandeses y veintiún millones de indonesios pasaron a la pobreza. Sería la primera crisis del nuevo modelo de globalización.

En 1994, mientras en México colapsaban todos los indicadores económicos, los Tigres Asiáticos, como alegremente los definieron los monetaristas del *establishment*, succionaban cerca de la mitad de todos los dólares que buscaban rentabilidad en el Tercer Mundo.

Había razones para ello: las monedas locales estaban amarradas al dólar y las tasas de intereses que se pagaban eran altísimas, generando sabrosas tasas de retorno para los inversores financieros.

Las empresas no encontraban dificultades para financiarse, aunque a tasas inconvenientes. Había, eso sí, capitales de sobra buscando rentabilidad, y al comenzar la década de los 90, los principales países del sudeste asiático habían crecido a tasas de entre 8% y 12% del PIB, celebradas con el caluroso aplauso de los monetaristas que, ya por entonces, conducían el FMI y el Banco Mundial.

No era sostenible, y el economista estadounidense Paul Krugman fue el primero en advertirlo. Pero para los arquitectos del Consenso de Washington, agoreras voces como las de Krugman sólo respondían a un ideologizado pensamiento poscomunista.

También los tigres lloran

En un extenso trabajo sobre la crisis del sudeste asiático, el economista Humberto Campodónico Sánchez señala, entre otros varios aspectos que hicieron detonar la primera crisis financiera de la globalización:

"… la mayoría de las economías emergentes de la región habían alineado la paridad de sus monedas en relación con el dólar de los Estados Unidos; cuando, desde mediados de 1995, el dólar comenzó a apreciarse fuertemente con relación al yen japonés, se produjo una disminución de la competitividad de las industrias de estos países en relación con las industrias japonesas".

El factor determinante que señala Sánchez no era, sin embargo, patrimonio exclusivo de la política económica de los "Tigres". A miles de kilómetros de distancia, Argentina había adoptado también una paridad fija (como dijimos, un peso equivalía a un dólar) que impedía toda competitividad posible y que haría volar por los aires la economía y el sistema político al terminar el año 2001.

Pero sigamos un poco más con el análisis de este lúcido economista:

"Los déficits de cuenta corriente en que incurrieron estas economías desde 1990 (debido a la apertura de sus mercados) fueron financiados en buena medida por los flujos de capital de corto plazo, los cuales alcanzaron niveles récord en el periodo inmediatamente anterior a la crisis".

En 1994, cuando Paul Krugman publicó su crítico trabajo sobre los resultados que se habrían de producir en Asia (pero también en el resto del Tercer Mundo), con mercados abiertos a las manufacturas de países altamente desarrollados y desregulado ingreso de capitales especulativos, no hacía más que anticipar consecuencias que eran de una lógica implacable.

Como dice Humberto Campodónico Sánchez:

"La globalización financiera ha sido posible debido a la casi total desregulación del sistema (es decir, el fin de la regulación de la entrada y salida de capitales, así como los controles de cambio por parte de los bancos centrales)".

El 2 de julio de 1997, cuando el gobierno de Tailandia permitió la libre flotación del baht y la moneda se derrumbó dramáticamente, se profundizaba un camino que, ya en el siglo XXI, desembocaría en un rotundo cambio de paradigma político para América Latina.

La hoja de ruta prescrita por los arquitectos del Consenso de Washington y su neomercantilismo había empezado a mostrar su peor cara.

Volvemos a Campodónico Sánchez:

"Puede afirmarse que la llamada crisis del Sudeste Asiático da inicio a la primera crisis globalizada a nivel mundial. En efecto, las crisis anteriores surgían en la Bolsa de un país determinado y sus efectos se propagaban más o menos rápidamente a los demás. Pero la crisis asiática de mediados de 1997 se extendió de inmediato a las diferentes Bolsas de valores en casi todo el mundo […] La gravedad de la actual crisis radica en que, si bien ha comenzado por el lado financiero, es en realidad una crisis económica en toda la línea".

Pero la crisis del sudeste asiático no sólo inició, como bien se dice, la primera crisis de la globalización. También, y no menos importante, inició la primera rebelión contra el recetario fondomonetarista.

LA DICTADURA DE LOS BANCOS

Algo empieza a despertar

En 1999, tras haber desafiado a fondomonetaristas, a banqueros, especuladores y al propio Washington, el entonces presidente de Malasia, Mahathir Mohamad, le lanzó a Occidente una frase que erizó la piel del *establishment* financiero internacional, pero que abría la puerta a una rebelión política que habría de multiplicarse pocos años más tarde.
Dijo el presidente malayo:

"De pronto lo impensable sucedió. El milagro asiático fue destrozado de la noche a la mañana y de repente los economistas que adulaban el modelo dijeron que todo lo que había sucedido fue una burbuja sobreinflada por la corrupción y los malos préstamos. Los asiáticos no sólo empobrecieron sino que fueron culpados por hacerse ellos mismos más pobres".

Vecina de Tailandia, Singapur e Indonesia, Malasia tenía pocas probabilidades de demorar en su propia economía los efectos que produciría en la región la devaluación del baht. Al menos, si marchaba en el mismo sentido que el FMI había exigido a los países de la región para salir en su auxilio, cosa que ocurrió.

Entre julio de 1997 y enero de 1998, el ringgit se había devaluado 85% respecto del dólar, y los doce años consecutivos de crecimiento se acabaron. En enero de 98 la economía malaya mostraba índices negativos de 5.6%. Los capitales fugaron rápidamente; las empresas, en línea con el sector público, recortaron gastos, y el resultado fue el previsible: se contrajo fuertemente el consumo de la población, aumentó el desempleo y comenzó a crecer la inflación por la devaluación de la moneda local.

Hasta aquí, el Gobierno malayo había seguido a pie juntillas el recetario fondomonetarista, pero algo lo diferenciaba, por ejemplo, de Tailandia e Indonesia: no había aceptado el rescate financiero.

En febrero de 1998, el presidente Mohamad, que había venido sosteniendo una disputa con su ministro de Economía respecto de la medicina que debía aplicarse ante la crisis, decidió modificar el rumbo sugerido por la ortodoxia monetarista y que el Estado metiera manos en el asunto.

Resume la economista cubana Ángela Rodríguez Morejón:

"En el segundo trimestre de 1998, el Gobierno aplicó las primeras medidas fiscales de corte anticíclico: inyección de fondos presupuestarios a la economía para elevar el gasto social destinado a los segmentos más vulnerables de la población y recortes impositivos, entre otras [...] A mediados de 1998, con el anuncio del Plan Nacional de Reactivación Económica, se profundizó la política fiscal expansionista. Entre sus puntos más sobresalientes incluía: una asignación adicional de fondos destinados a infraestructura, como apoyo a pequeñas y medianas empresas, así como a elevar de manera significativa la promoción del sector social, además de reducir la carga tributaria de las actividades económicas prioritarias".

Como era de esperar, las voces que llegaban desde Washington no sólo anunciaban cataclismos extremos para los rebeldes que, con semejantes políticas, aumentaban el déficit fiscal, sino que profetizaban la inminente "caída" de Malasia del mundo "civilizado".

El Gobierno malayo, empero, sin temor a caerse del mapa neomercantilista, profundizó su política económica heterodoxa.

Reseña Rodríguez Morejón:

"En cuanto a la política monetaria, la existencia de un entorno internacional desfavorable y el aumento sistemático de la tasa de interés no sólo carecía de eficacia para estabilizar la paridad cambiaria, sino que agravaba el panorama de las instituciones financieras del país, al propiciar el incremento de la cartera vencida y el riesgo de quiebra.

El banco central de Malasia decidió abandonar su política monetaria restrictiva e inyectó liquidez directamente en el sistema financiero, con la finalidad de reducir las tasas de interés y favorecer una eficaz intermediación en medio de un difícil ambiente económico".

La solución no fue la mejor, ya que los bancos fugaban los excedentes al exterior, por lo que las autoridades optaron por buscar el mismo resultado bajando los encajes. Y, ahora sí, las tasas de interés cayeron casi nueve puntos porcentuales.

Los pecadores van al Cielo

Sin embargo, la gran rebelión malaya estaba aún por llegar.

Si los "fugadores seriales" seguían contando con la total apertura a la libre circulación del capital que había impuesto el Consenso de Washington, todo esfuerzo presupuestario que hiciese el Gobierno para inyectar dinero a la economía se iría por la canaleta.

Se decidió, entonces, cometer el mayor de los pecados que prescribe la biblia neoliberal: establecer un control de los capitales.

A los no residentes se les prohibió la transferencia de fondos al exterior; se implementó un duro control de préstamos en moneda local; se congeló el retiro de fondos por un plazo de un año y se limitó la cantidad de ringgits que se podían destinar a importación y exportación, entre otras tantas medidas restrictivas, como la cantidad de moneda que los no residentes podían llevar si viajaban al exterior.

La intolerable desobediencia malaya comenzó, sin embargo, a dar resultado, tal cual describe la mencionada economista cubana:

"Se hacía evidente que las medidas aplicadas a mediados de 1998 estaban dando frutos; la economía comenzaba a despegar en 1999, cerrando ese año con un crecimiento de 5.4% en el PIB, por encima del pronóstico oficial de 4.3%. [...] la reactivación de la economía malaya se desarrolló en un entorno caracterizado por inflación moderada (2.8% en 1999 de 5.3% en 1998). La cuenta corriente de la Balanza de Pagos mostraba una significativa mejora, al pasar de un déficit de -5.6% del PIB en 1997 a un excedente de 12.9% del PIB al cierre de 1998, dando como resultado una fuerte posición en cuanto a reservas internacionales netas".

El 1 de septiembre de 1999 llegó a su fin el plazo de un año de congelamiento de fondos que había impuesto el Gobierno, teniendo los inversores, a partir de entonces, las manos libres para sacar el dinero del país. Ahora sí, la pecadora Malasia ardería en el Infierno.

Pero... no.

Ante los ojos absortos de los gurúes neoliberales, sólo una pequeñísima porción de esos capitales cruzó las fronteras malayas.

La economía se había recompuesto, caminaba hacia un mayor fortalecimiento y prometía buenos dividendos. Apostar ahora a la "intolerable desobediencia" fue una opción a considerar para muchos otros gobernantes más o menos libres. Sólo había que animarse.

Capítulo 8
¿La especulación o la gente?

> "Nosotros limpiamos nuestra casa. Ellos no. Pasaron las tres últimas décadas diciéndonos que necesitábamos hacer nuestra tarea. Ellos no la hicieron. [Los países ricos] necesitan asumir su responsabilidad [pues los países pobres] no pueden convertirse en las víctimas del casino instituido por la economía estadounidense."
>
> Lula da Silva

En 1999, mientras los malayos disfrutaban de la reactivación económica, en Argentina, un gobierno que había sido un disciplinado alumno del Fondo Monetario le pasaba el comando político a otro que sólo en los ademanes parecía diferente.

En los últimos ocho años, el país había atado su moneda al dólar en una disparatada relación de uno a uno y, para sostenerla, se había devorado los magros ingresos obtenidos tras la privatización de todas sus empresas públicas.

El mayor logro de semejante política había sido el poder alcanzar la meta de inflación cero que, en un país asolado por brutales procesos hiperinflacionarios, no era una conquista menor.

Sin embargo, para una sociedad acostumbrada a giros violentos en la política económica, la paridad no aseguraba resguardo, y los argentinos siguieron ahorrando en dólares, que el gobierno debía obtener por la vía del endeudamiento.

Pero, por supuesto, no era el atesoramiento ciudadano el que desangraba cada vez más el monto de reservas internacionales: Argentina se había transformado en una suerte de séptimo cielo para especuladores de toda laya. Si un peso valía lo mismo que un dólar y los intereses que se pagaban por ese peso convertible superaban en siete u ocho puntos lo que se podía obtener en cualquier mercado financiero del mundo, el retorno no podía ser más apetecible.

El cuadro de situación lo completaban el resto de las condiciones con las que funcionaba la economía: apertura absoluta a las importaciones, recorte del gasto público y ausencia casi total del Estado en la regulación de las actividades económicas. El adalid de tal esquema era quien se jactaba de jugar al golf con George Bush padre y de ser su "amigo personal": Carlos Saúl Menem.

El endeudamiento crecía, el desempleo aumentaba, la producción local perdía ante la manufactura importada. Se veía ya que ese camino desembocaría, inexorablemente, en el abismo.

Menem se fue. Pero no sólo nada cambió con la nueva administración, sino que todo se agravó.

Caminos alternativos

El nuevo Gobierno apenas pudo ocupar la Casa Rosada dos años. En diciembre de 2001, el presidente Fernando de la Rúa debió huir en helicóptero dejando un país en el que la pobreza rozaba 60%, y la desocupación, 25%. La deuda externa representaba cerca de 160% del PIB.

Paradójicamente, uno de los países que históricamente había ostentado los mejores niveles de educación, los menores índices de pobreza y los más altos porcentajes de clase media de toda la región se había convertido, en apenas doce años, en el gran paria del mundo.

Pero el Efecto Tequila, primero, y la debacle del sudeste asiático, después, habían provocado una ruptura cultural que sólo algunos pocos pensadores del neoliberalismo alcanzaron a detectar: el paradigma instalado como verdad absoluta por el reagantatcherismo (el legendario "fin de la historia" proclamado por Francis Fukuyama) había entrado en discusión para buena parte de las sociedades latinoamericanas.

La "mano invisible" de Adam Smith, que supuestamente regulaba el mercado, en realidad lo que hacía era meterse en el bolsillo de los países y sus ciudadanos.

En 1999, en Venezuela, el Polo Patriótico, un conglomerado partidario en el que convivían, entre otros, el Movimiento Al Socialismo (MAS), el Partido Comunista de Venezuela y el Movimiento Quinta República, había derrotado al histórico bipartidismo conservador, llevando a la presidencia a un comandante del ejército venezolano, nacionalista, "bolivariano" y admirador de Fidel Castro.

Era Hugo Chávez, y había decidido emprender un rumbo que, si bien no abandonaba los preceptos básicos del capitalismo, ponía al Estado como regulador de la economía y centraba los esfuerzos del Gobierno en redistribuir la riqueza producida por el país.

Venezuela iniciaba así en la región un ciclo que continuaría con la elección de Luiz Inácio Lula da Silva, en Brasil; Néstor Kirchner, en Argentina; Tabaré Vázquez, en Uruguay; Evo Morales, en Bolivia; Rafael Correa, en Ecuador; y Fernando Lugo, en Paraguay. Su accionar sería no sólo parecido sino, en muchos aspectos, concurrente.

Gobiernos todos de centroizquierda, peyorativamente definidos como *populismos*, que anunciaron la ruptura definitiva con el recetario del Consenso de Washington, anunciaron que no pagarían la deuda externa sobre el hambre de sus pueblos, y se dispusieron a renegociarla con quitas que, en el caso de Argentina, por ejemplo, alcanzaron 75 por ciento.

Acusados por la izquierda tradicional de reformistas que simplemente humanizan lo peor del capitalismo, y por los neoliberales de estatistas, populistas demagógicos y hasta fascistas, este grupo de gobiernos de centroizquierda (como ya dijimos) no rompió sin embargo con el capitalismo, pero puso seriamente en entredicho y sepultó, al menos en esa parte del mundo, todos los postulados económicos impuestos.

Jesús Gualdrón Sandoval, un pensador marxista que no comulga con la reformulación "populista" de estos gobiernos latinoamericanos, muestra, empero, el cambio de época que, una vez más, produjeron las crisis financieras:

"Hoy asistimos a una suerte de reconfiguración creativa y múltiple del movimiento anticapitalista a lo largo y ancho del planeta. En esa tendencia se inscriben los movimientos de resistencia a la globalización, cuyos impulsos provienen no sólo del mundo de la periferia, sino también de las metrópolis capitalistas; las luchas de los múltiples movimientos sociales que enfrentan las consecuencias de la imposición a ultranza de las políticas neoliberales de profunda estirpe antisocial, y de los que enfrentan las guerras imperialistas y sus consecuencias; los partidos y organizaciones políticas que, con diversos matices, configuran el campo de la izquierda que busca acercamientos, unidad, programas comunes, propuestas alternativas de gobierno, de política económica y social, y de reconocimiento e inserción de los discriminados por diversas razones".

Lo cierto es que, tras las experiencias revolucionarias latinoamericanas de los años 70, clausuradas por sangrientas dictaduras militares, por el reagantatcherismo luego, y por el Consenso de Washington finalmente, las ansias de beneficiar a los pueblos por sobre el lucro desmedido de bancos e instituciones financieras extranjeras reaparecieron con formas nuevas y democráticas, adaptadas de algún modo al modelo liberal vigente, pero disputando culturalmente con él.

Todo un bloque subcontinental se mostraba dispuesto a poner coto al dominio y los privilegios del poder financiero. Y muchos apostaron a su rotundo fracaso.

Los banqueros no tienen parientes

A casi ninguno de los analistas económicos más influyentes (con excepción del siempre lúcido Paul Krugman), las crisis financieras que, en dominó, marcaron la última década de los años 90 (México, 1995; Asia, 1997; Brasil y Rusia, 1998) y acabaron desembocando en la gigantesca cesación de pagos de Argentina en 2001 (una de las más grandes de la historia), les pareció relevante posar los ojos en el vertiginoso movimiento de capitales especulativos de corto plazo, *hot money*, que viajaban de un lugar a otro del planeta en busca de la mayor rentabilidad en el menor tiempo posible. Ni siquiera, cuando esa suerte de casino financiero comenzó a funcionar en las principales plazas financieras de Europa y Estados Unidos.

Con soberbia primermundista se contentaron con adjudicar las causas de las crisis y las megadevaluaciones de las monedas locales a la irresponsabilidad de los Gobiernos, a la corrupción y otra serie de males propios y casi "constitutivos" de las naciones en desarrollo"; males que, por supuesto, jamás se verían en los países centrales.

Eran años de euforia en los que las acciones de las Bolsas subían, los capitales itinerantes devolvían rentabilidades impensadas y los "creativos" de las instituciones bancarias inventaban nuevas herramientas financieras. Todo estaba encaminado a que el dinero pudiese seguir produciendo más dinero, sin tener que pasar por el siempre lento y exigente sistema productivo.

Wall Street se había convertido, para una multitud de jóvenes financistas estadounidenses, en un nuevo Paraíso Terrenal.

La desregulación, empero, y la búsqueda de la máxima rentabilidad posible en el más corto tiempo no eran imperativos exclusivos de las entidades financieras. También para las industrias y empresas de servicio la globalización ofrecía posibilidades de mayor lucro. Se trataba, simplemente, de trasladar las fábricas a esos países en los que la mano de obra era mucho más barata que en Estados Unidos, por ejemplo, y donde contadores ingeniosos podían burlar al ojo estatal, en cuanto al pago de impuestos, más fácilmente que en la tierra de los *cowboys*.

Lejos de la fiesta de Wall Street, los trabajadores estadounidenses fueron los primeros en sentir que sus ingresos se deterioraban y que el alto consumo al que estaban acostumbrados decaía sin cesar.

Pero el fenómeno, claro, no ocurría sólo en Estados Unidos. Escribe Joseph Stiglitz:

"La economía global necesitaba un consumo en aumento permanente para crecer; pero ¿cómo podía seguir siendo así cuando los ingresos de muchos estadounidenses llevaban tanto tiempo estancados? Los estadounidenses encontraron una ingeniosa solución: pedir prestado y consumir como si sus ingresos estuvieran aumentando. Y vaya si pidieron prestado".

Allí se escondía el gigantesco huevo de la serpiente.

En pocas décadas, el capitalismo como tal se había transformado en una enorme ruleta en la que abundaban los apostadores y el dinero se reproducía o se destruía con cada pase de bola.

¿Podría el mal desatarse en el *living* de la propia casa? Evidentemente, sí.

La crisis financiera que se desató en 2008 en Estados Unidos, que se prolonga aún y que es, posiblemente, más grave y profunda que la Gran Depresión de los años 30, ha sido considerada la "crisis de las hipotecas", aunque sin dudas sea mucho más que eso.

Con todo, siempre es bueno comenzar por lo más evidente.

Cuando el sueño americano se tornó pesadilla

En términos económicos, para el estadounidense medio hay dos factores que le son constitutivos y convive con ellos de modo absolutamente armonioso: el consumo y el crédito.

Ambos factores han sido no sólo la locomotora de la economía estadounidense, sino un poderoso motor de la economía mundial.

El lema "compre a crédito" fue el gran impulsor del primer desarrollo económico de Estados Unidos. Un solo factor debía ser tenido en cuenta por quien se valía de esta modalidad para adquirir bienes: la capacidad de repago. Por ello, cuando al comenzar el siglo XXI los estadounidenses se vieron en la necesidad de endeudarse para seguir manteniendo el nivel de consumo que ya no podían proporcionarles los salarios, a casi nadie le resultó extraño.

Explica Stiglitz:

"Tanto ellos como sus prestamistas podían estar satisfechos con lo que ocurría: podían proseguir con su orgía de consumo, ya que no tenían que hacer frente a la realidad de unos ingresos estancados o en declive, y los prestamistas podían disfrutar de unos beneficios récord basados en comisiones cada vez mayores".

La alquimia financiera partió de una situación artificial: la subida desproporcionada del precio de las viviendas. Una burbuja que sólo crecía por mérito de la especulación de quienes jugaban a la ruleta de la compra-venta.

Así, con los precios en trepada, los bancos les ofrecieron a los propietarios una manera fácil y "segura" de hacerse de dinero, y éste les permitiría seguir haciendo marchar la rueda del consumo sin preocuparse demasiado por sus genuinos ingresos. Comenzaron a otorgarse préstamos con garantía hipotecaria, a plazos holgados y con bajos intereses. Como las propiedades aumentaban a ritmo acelerado, si algún contratiempo económico se interponía en el camino del deudor, siempre quedaba la posibilidad de vender la propiedad adquirida mediante el crédito, cancelar la deuda y hasta comprar una nueva casa, más pequeña, tal vez, pero fruto de la triquiñuela o pase de manos de quienes, por millones, se creían hábiles "magos de las finanzas".

La lógica de que el precio de las propiedades continuase aumentando, o al menos no se desplomase, sonaba poco consistente, y así fue.

Volvamos a Stiglitz:

"Cuando la burbuja estalló, los efectos se vieron amplificados porque los bancos habían creado productos complejos que se apoyaban en las hipotecas. Y lo que es peor, se habían comprometido en apuestas de miles de millones de dólares entre ellos y con bancos de todo el mundo. Esta complejidad, combinada con la rapidez con la que la situación iba deteriorándose y con el alto apalancamiento de los bancos [...] significaba que los bancos no sabían si lo que debían a sus depositantes y a sus obligacionistas excedía del valor de sus activos [...] La seguridad y la confianza en que se basa el sistema bancario se evaporaron".

Tal cual señala Stiglitz, lo que comenzó entonces no fue sólo una crisis financiera, sino también económica. Sin crédito, porque los bancos ya no podían o no querían prestar, la demanda se derrumbó, tanto como la liquidez de los bancos ante la imposibilidad de recuperar acreencias a deudores que lo habían perdido todo. La globalización y la desregulación que tanta euforia habían producido en economistas, políticos y financistas actuaron como una rápida correa de transmisión que primero llenó de hipotecas basura a bancos, entidades financieras, fondos de pensión y de inversiones de Europa y Asia, y luego frenó brutalmente la demanda y con ella la producción.

Según Stiglitz:

"Una crisis que comenzó en Estados Unidos muy pronto se hizo global, a medida que decenas de millones de personas en todo el mundo perdían sus empleos (veinte millones sólo en China) y decenas de millones caían en la pobreza".

La crisis de las hipotecas, sin embargo, no era más que el emergente de un capitalismo financiero global en estado de descomposición.

Algo huele mal en el sistema

Desde el año 2008 hasta la fecha, y más particularmente desde que una parte de Europa entró en un profundo colapso financiero trasladado luego a la economía, ha proliferado la literatura especializada que procura bucear en las causas que llevaron al marasmo que hoy padecen millones de europeos. Crédito abundante y barato previo a la crisis que favoreció el hiperendeudamiento público y privado; abuso del estado de bienestar; falta de ahorro o descontrol de las cuentas públicas; éstos son sólo algunos de los factores que se han esgrimido como detonantes de la cuasi bancarrota de algunos Estados otrora sólidos y meneados como ejemplo para los países periféricos.

Sin embargo, tanto los diagnósticos como las medicinas prescritas se diferencian poco de lo que ya se ha diagnosticado y recetado en crisis anteriores padecidas por países o regiones enteras.

Ahora, cuando el mundo rico ha entrado en un proceso de violenta destrucción de riqueza, tanto humana como material, parecería más útil preguntarse si, acaso, el capitalismo financiero global que hoy domina los destinos del planeta no representa la más nueva etapa de un sistema que se aleja a pasos agigantados del modelo productivista del capitalismo, el que lo hizo imponerse e incluso entonar su canto de supuesto triunfo definitivo.

Hace muchos años atrás, Carlos Marx acuñaba el término *capital ficticio*. Lo definía como ese capital que devengaba intereses pero que, en rigor, no existía.

Decía el pensador alemán que cuando alguien, por ejemplo, compra bonos de deuda de un Estado, obtiene a cambio un certificado del que se valdrá para cobrar, anualmente, los intereses de ese capital que, en rigor, ya no tiene. Lo que posee son unos comprobantes que, en una suerte de juego de apuestas (la Bolsa de Valores), si pierden valor nominal harán caer automáticamente su patrimonio, porque el verdadero capital, reiteramos, ya no existe.

En el otro lado de la balanza, tampoco el Estado que recibió el capital lo ha transformado en productor de riqueza, no ha ido al sistema productivo sino a cancelar deuda con otros acreedores.

En definitiva, el *capital ficticio* queda fuera de la economía real, no va a alimentar ninguna de las ramas de la producción que sí genera riqueza, por lo cual no desempeña función alguna en el seno de la economía sobre la que se asientan las distintas sociedades del mundo. Tiene, como decía Marx, un carácter ilusorio.

Sin embargo, ese capital ficticio o parasitario ha generado enormes fortunas para quienes operan y viven de él. Al mismo tiempo, las rentas que devengan estos capitales parasitarios son muy superiores a los dividendos que produce el volcado al circuito productivo, y mayores incluso que los intereses que obtiene el capital, que devenga interés, necesario para producir.

Dicen los brasileños Reinaldo Carcanholo y Paulo Nakatani:

"Eso significa que incluso el capital que devenga interés, necesario para la reproducción del capital productivo, pasa a actuar según la lógica especulativa. Además, las grandes empresas productivas combinan cada vez más su actuación normal con actividades financieras, subordinando sus estrategias a las prácticas especulativas: el capital productivo tiene, así, su dinámica subordinada a la especulación".

En efecto, pareciera evidente que ya el modelo del capitalismo basado en las grandes industrias marcha hacia un total agotamiento. La lógica del nuevo capitalismo financiero global consiste en acumular capital sin tener que producir mercancías, lo que conlleva una creciente destrucción de empleo, entre otros daños sociales.

Adiós al *homo faber*

En tiempos de euforia y apogeo acrítico del neoliberalismo, allá por los años 90, muchos economistas del *establishment* reconocieron, públicamente incluso, que con el nuevo esquema económico altamente financiarizado sobraba 30% de la mano de obra disponible del mundo. Algo así como que 30% de la población económicamente activa ya no tenía lugar en el sistema productivo.

En esos años, comenzaba a resultar evidente que el motor que había impulsado al viejo capitalismo industrial tenía muchísima menos potencia que en sus tiempos de gloria. La tasa de beneficio, verdadera impulsora de la inversión capitalista, ya no era lo que había sido.

Ese capital excedente que quedaba luego de que se hubiesen descontado el costo de las materias primas, los bienes intermedios, los pagos de salarios y la amortización del capital invertido había menguado considerablemente desde comienzos de los años 60. Y lo había hecho por la presencia de nuevas y poderosas empresas que generaban mayor competencia en nuevos países industriales; por la falta de innovación tecnológica a esa altura del desarrollo industrial; y, por qué no, por las exigencias de un joven y enérgico sindicalismo que exigía mejores condiciones de vida para los trabajadores.

Ni siquiera el fuerte proceso de monopolización que ensayaron las empresas para que la tasa de beneficio volviese a crecer logró que ésta fuese tan atractiva como las mieles de la especulación financiera. Regresemos a Carcanholo y Nakatani:

"La globalización, con todas sus características, se diferencia de otras épocas de la historia del capitalismo por el predominio del capital especulativo parasitario (forma particular más concreta del capital que devenga interés) a escala mundial, sobre el capital productivo. En esa fase, el capital industrial se convierte en capital especulativo y su lógica queda totalmente subordinada a la especulación y dominada por el parasitismo. De esa manera, es la lógica especulativa del capital sobre su circulación y reproducción en el espacio internacional lo que define esta nueva etapa. Sin duda, ese fenómeno está asociado a la quiebra del patrón monetario internacional a partir de los años 70".

Frente a tal escenario, la lógica neoliberal entronizada en los 90 combinó dos factores para mejorar en parte una tasa de beneficio incapaz de competir con la especulación financiera:

Primero. Avanzó en la precarización salarial de los trabajadores a partir de legislaciones que "flexibilizaban" al máximo las condiciones de despido. En el mismo sentido, reglamentó el modelo de trabajo temporal y forzó a los Estados a reducir, o lisa y llanamente eliminar, toda inversión en las áreas sociales.

Segundo. Hizo que las propias empresas dedicadas a producir mercancías destinaran parte del capital a jugar en el mercado de la especulación.

En suma, nació un capitalismo con beneficios pero sin acumulación.

Atrás quedaba una famosa frase de Benjamin Franklin, un entusiasta de la capacidad creativa e industrial humana. Decía el político e inventor estadounidense: "El hombre es el animal que hace herramientas".

Ahora el hombre era un individuo aislado y desentendido de sus semejantes, que fabricaba abstracciones sin otro objeto que obtener un lucro improductivo y carente de todo sentido social.

¿Cuánto vale un banquero y cuánto un ciudadano?

Si el neoliberalismo, procurando mejorar la tasa de beneficio del capital productivo, rebajó salarios, aumentó el desempleo y eliminó coberturas sociales que se habían incorporado al mundo del trabajo varias décadas antes, el objetivo perseguido se logró muy pobremente.

Primero en los países en desarrollo, y ahora en una parte de Europa, la pérdida de poder adquisitivo de los salarios, junto con el aumento de la desocupación y la necesidad creciente de la sociedad de procurarse educación y salud por vía privada, tuvo efectos catastróficos en los diferentes mercados internos y, consecuentemente, en la economía doméstica.

Las economías debieron sostenerse, básicamente, con el producto de las exportaciones, lo cual multiplicó la competencia hasta niveles salvajes. Estados Unidos, en virtud de poseer la moneda de intercambio internacional, asumió el rol de "gran comprador", pero a medida que el déficit en su balanza de pagos aumentaba, también la "gran locomotora" mundial fue ralentando su marcha.

La crisis de las hipotecas *sub prime* y los movimientos de protestas como Ocupemos Wall Street mellaron legitimidades políticas, y lo hicieron de una manera desconocida hasta entonces.

La ecuación propuesta por el neoliberalismo generó, además, otro desequilibrio que habría de ser determinante: con mercados internos menguados, capacidad contributiva declinante de parte de la población y escasa o nula reinversión del sector industrial, los Estados comenzaron a tomar deuda por encima de lo manejable. Así, una vez más, y con la inestimable colaboración de las calificadoras de riesgo, prestas a rebajar la nota de los bonos públicos de países y empresas para favorecer a sus clientes, la especulación financiera parasitaria continuó ofreciendo tasas de retorno tan sustanciosas, que invertir en el sector productivo no tenía atractivo alguno. Para seducir capitales con la rentabilidad del sistema productivo, ni siquiera fue suficiente llevar la precarización laboral a rangos casi precapitalistas.

Por añadidura, en la medida en que la tasa de beneficio del sector industrial proviene más de la especulación financiera que de la producción en sí misma, el verdadero objetivo de los directorios pasó a ser el aumento de las acciones de las empresas más que el saldo final de las ventas.

Perdida la hegemonía que el capital productivo ostentó durante buena parte de la historia del capitalismo, hoy es el capital financiero especulativo el rarísimo motor que mueve a la economía mundial.

La iliquidez de los bancos o la caída de las acciones en las Bolsas de valores ya no generan sólo una crisis financiera: amenazan el funcionamiento de toda la economía mundial.

Con el dedo en el gatillo, los bancos amenazan a los Estados con el desmoronamiento del país entero si caen las instituciones financieras, y los Estados deben correr prestamente en su auxilio, conscientes de que la amenaza no es una simple bravuconada, pues si una cualidad puede endilgarse a los bancos es su carencia total de escrúpulos.

Tras el estallido de la burbuja inmobiliaria en Estados Unidos, el Gobierno estadounidense dejó caer a Lehman Brothers, pero debió acudir al rescate de otras muchas instituciones financieras con miles de millones de dólares de los contribuyentes, mientras que muchos de esos mismos contribuyentes perdían sus casas y quedaban con deudas que los condenaban a la bancarrota. Es evidente que en las desnortadas balanzas estatales, un banquero pesa el doble que millones y millones de ciudadanos.

Los Jinetes del Apocalipsis

Hoy el capital financiero ya no sólo pide privilegios: ha comenzado a manejar y determinar la política interna de los Estados. Las intervenciones militares de las que Estados Unidos se valía para disciplinar a los países en desarrollo son, desde hace rato, parte del pasado. Las sociedades latinoamericanas han logrado desterrar los golpes de Estado, al menos desde el modelo clásico, aunque Honduras y Paraguay demuestran que Washington ha imaginado nuevas formas ("golpe de Estado suave") para desalojar del poder a gobiernos incómodos a sus intereses.

Una medida financiera puede equivaler a miles de lanchas de desembarco, y se preserva el medio ambiente al liberarlo del humo de los bombardeos. Sólo se necesitan funcionarios tan sumisos o tan desorientados para persistir en obedecer las mismas necias condiciones e instrumentar las mismas medidas que llevaron a sus gobernados a la ruina.

Ahora, desde Bruselas, la troika conformada por el FMI, el Banco Central Europeo y la Comisión Europea decide las políticas que deben implementar los países endeudados, y hasta designan a sus primeros ministros.

Dice Richard Peet:

"Al igual que en el sistema liberal global de finales del siglo XIX, el sistema neoliberal de finales del XX y comienzos del XXI opera globalmente bajo el dominio de un solo Estado-Nación 'democrático' hegemónico. El cambio de la Pax Britannica a la Pax Americana mantiene una estructura política esencialmente parecida, pero el poder militar de las fuerzas armadas del estado financiero ha aumentado, mientras que el tiempo necesario para llevar a cabo una intervención ha disminuido radicalmente con las nuevas tecnologías de la guerra. Las transacciones instantáneas del capitalismo financiero corren en paralelo a respuestas armadas casi instantáneas".

El fuego de artillería pesada con que a mediados de los 90 el "estado financiero" diezmó las condiciones de vida de los países en desarrollo hoy destruye a una parte de Europa.

Una España que había cumplido con los límites de déficit y sin un endeudamiento público demasiado abultado dejó a más de 25% de su población en el paro y camina a un suicidio social inimaginable en tiempos en que "formaba parte" de la elite gobernante del planeta.

Los miles de millones de euros con que el Banco Central Europeo "rescata" a España van a parar a los bancos, mientras miles de españoles se suicidan (literalmente) cuando los agentes judiciales entran a sus casas a pedirles el desalojo.

Mirándose en un espejo que se les acerca vertiginosamente, Grecia, Italia y Portugal marchan en un rumbo parecido. Sabemos dónde está la todopoderosa troika, sabemos qué lugar ocupa la especulación financiera y cuáles son los privilegios de los bancos...

Sólo resta preguntarse: ¿dónde ha quedado el Hombre?

Se lo está empezando a ver. En Estados Unidos, por ejemplo, ha surgido un movimiento que enarbola una bandera bien significativa: "Somos el 99%". Aluden, con elocuencia, a ese 1% que se queda con la mayor parte de la riqueza que se produce en el país.

El fenómeno, claro, no es patrimonio exclusivo de ese gigantesco país. Se reproduce en casi todo el mundo.

Con una ayudita de mis amigos

La pregunta más inmediata que surge es: ¿por qué la mayoría de la población mundial fue sometida por esta rara especie carroñera, que si hoy viviera Marx definiría como "El buitrismo, etapa superior del capitalismo"?

Es trágicamente simple.

Así como en los años 60 y 70, Estados Unidos se valía de los tanques militares para imponer sus políticas en el mundo subdesarrollado, hoy el capitalismo especulativo, o "buitrismo", cuenta con otros dos elementos de combate tanto o más eficaces que los tanques de orugas y cañones: los medios de comunicación y los poderes judiciales.

En el año 2011, por ejemplo, un sector de la corporación judicial de Argentina llegó a decir, sin rubor alguno, que se consideraba parte de "un poder contramayoritario", una sofisticada forma de informarle a la sociedad que su verdadera tarea era estar en contra de esa misma sociedad que, por vía indirecta (al menos en Argentina), lo elige para impartir justicia.

El mensaje, en una Argentina que luchaba por deshacerse de la tutela que sobre el sistema democrático ejercen las corporaciones económicas, era: nosotros estamos a favor de las corporaciones. O sea, del 1%.

Y no lo decían porque sí.

En 2009, el Parlamento argentino votó una nueva ley de servicios audiovisuales que reemplazaba a la que había diseñado la dictadura militar. Dicha ley impide la concentración monopólica de los medios audiovisuales, que, en el caso de Argentina, ejerce el Grupo Clarín con más de doscientas cincuenta licencias en todo el territorio, algo más que impensable, por ejemplo, en el mismo Estados Unidos.

Apenas promulgada la ley, ese grupo económico marchó a Tribunales para impugnar dos de los artículos de la ley; el más importante era el que exigía que se comenzara con el proceso de desinversión.

El planteo cayó en un juzgado acéfalo hasta ese momento, pero en el que ese grupo sabía que la Cámara designaría como subrogante a un juez jubilado (con lo que no se lo puede sancionar como a un juez en actividad) y, desde luego, "sensible" a las necesidades del conglomerado empresarial.

Edmundo Carbone, a la sazón el magistrado designado, dictó una medida cautelar con plazo de vencimiento… ¡tres años después!, y luego se volvió a marchar a su casa.

Como cualquier abogado sabe, las medidas cautelares no resuelven la cuestión de fondo sino que se aplican sólo para prevenir o impedir la violación de un derecho mientras se tramita un juicio; o sea, son medidas excepcionales y con plazos acotados.

Los miembros de la Cámara de Apelaciones, a la que recurrió el Estado para que se rectificara la decisión de Carbone, por el contrario, la reafirmó. Por fin, debería ser la Corte Suprema de Justicia la que, tres años más tarde, le pusiese límite a una medida que, en los hechos, había dejado de ser cautelar para transformarse en sentencia.

Tres años después se supo que la mayoría de los integrantes de la Cámara que había ratificado la decisión del juez habían viajado a Miami, y se habían alojado en un hotel cinco estrellas con todos los gastos pagos durante quince días, por cuenta de una institución "pantalla" del grupo periodístico. El Grupo Clarín es uno de los más poderosos "tanques" formadores de opinión con que cuentan las corporaciones financieras. Junto con el conservador diario *La Nación*, casualmente, son los dos periódicos de mayor circulación en el país.

Decenas de ejemplos parecidos podrían listarse en diferentes países, y no sólo de América Latina.

Desde luego, los magistrados amigos de especuladores y buitres no están sólo en el mundo en desarrollo. En los últimos días de noviembre de 2012, Thomas Griesa, un magistrado octogenario profundamente conservador y juez federal de primera instancia del distrito sur de Manhattan, emitió un fallo que dejó sin habla a la propia Reserva Federal de Estados Unidos.

Ante un reclamo de NML Capital, el fondo buitre de Paul Singer, pretendió cobrar 100% del valor de los bonos de deuda de Argentina, luego de haberse negado a entrar en el canje que propuso el país entre 2005 y 2010. A este canje entró 93% de los acreedores, aceptando una importante quita y un largo plazo de pago. Griesa, acudiendo a una figura del Derecho que se conoce como *pari passu* (igualdad de condiciones), determinó que, en efecto, Argentina debía abonarle al buitre 100% de la acreencia más intereses y costas, en un solo pago y dentro de los quince días. Extravagante manera de entender la igualdad de condiciones.

Argentina apeló el fallo que ya había sido cuestionado muy duramente por la FED y por las asociaciones de bonistas, y la Cámara de Apelaciones suspendió lo dictado por el amigo de los buitres.

Días después, Tullio Zembo, el abogado italiano que durante el proceso de canje representó a un gran número de bonistas de su país, le dijo a un periódico argentino:

"Si prosperaba el fallo de Thomas Griesa, no sólo iba a haber un problema para la Argentina y los bonistas que aceptaron el canje, sino también para futuras reestructuraciones de deuda de otros países".

Y agregó, seguramente con una sonrisa de alivio:

"Si a los fondos que ahora reclaman, Argentina les paga 100% de aquella deuda, a mí me agarran del cuello mis clientes".

A espaldas de la eventual sangría de fondos públicos necesarios para el bienestar de la población, los dos grandes diarios argentinos, en cambio, batallaron desde sus páginas defendiendo la sentencia del juez de Manhattan.

Lo curioso de la actitud de este magistrado, que tiene debilidad por fotografiarse cuantas veces puede y trata de hacerlo siempre con la bandera de Estados Unidos a sus espaldas, es que ese fogoso patriotismo que parece profesar se corresponde poco con el de sus buenos amigos, que utilizan su juzgado pero no pagan su sueldo, porque, como ya dijimos, están radicados en la Isla Caimán, para que al gobierno le sea imposible cobrarles impuestos.

Soplando en el viento

Sin dudas, la profunda crisis en que se hallan sumergidos parte de Europa y Estados Unidos ofrece escasas posibilidades de ser atravesada sin un enorme daño social, y ello produjo en amplios sectores de la población una fuerte e indignada respuesta política. Ésta no encuentra aún formas orgánicamente consistentes como para modificar el desolador panorama que los envuelve, pero muchos han visto que es imprescindible romper su propia inercia.

Los Indignados de uno y otro país de Europa, los miles de militantes que en Estados Unidos conforman el movimiento Ocupar Wall Street, e incluso los estudiantes chilenos que reclaman poder estudiar en su país sin tener que hipotecarse durante años para pagar la universidad, tanto como los estudiantes mexicanos y su poderoso movimiento #YoSoy132, que nació en mayo de 2012 como respuesta al neoliberalismo imperante en México, se han alzado como una suerte de contrapoder del capitalismo financiero en sus respectivos países y en el mundo.

Son, como ellos mismos lo proclaman con orgullo, "movimientos horizontales", sin liderazgos ni estructuras, aunque con programas bastante completos, como en el caso específico de #YoSoy132.

Sin embargo, eso que consideran su mayor fortaleza es, acaso, una seria debilidad. Las transformaciones políticas sólo se logran cuando se accede al poder, y si bien llegar al gobierno no necesariamente implica haber conquistado el poder, es el paso que más se le aproxima.

Pero al gobierno se llega por la vía de los votos, y movimientos que no participan en elecciones no tienen ninguna posibilidad de hacerlos, al menos bajo el actual sistema republicano.

Hoy, Europa tiene a 25% de su población en la pobreza o al borde de ella, con países que superan esa media, como Bulgaria (49%), Rumania y Letonia (40%), Grecia (31%) y España (27%). Las cifras, dadas a conocer por Eurostat, son de 2011, y si la curva sigue creciendo como hasta ahora, los cómputos siguientes arrojarán valores más alarmantes.

Los Indignados se han manifestado con fuerza en varios de los países que marchan hacia una debacle social. Sin embargo, en las últimas elecciones, tanto en Grecia como en España, por ejemplo, ganaron los partidos que más y mejor defienden ese capitalismo financiero especulativo que los ha llevado hasta allí.

En Italia, a Silvio Berlusconi lo reemplazó Mario Monti, un tecnócrata que viene del riñón de Goldman Sachs, uno de los bancos de inversión más grandes e influyentes del mundo; el mismo banco que se ocupó de ocultar el déficit de Grecia bajo la administración de Kostas Karamanlis.

Con consignas tan valorables como "No somos marionetas en manos de políticos y banqueros", o "¡Democracia real ya!", los Indignados se han extendido a las principales ciudades de

Europa, sin haber logrado aún torcer el rumbo de ninguno de los gobiernos que planean y diseñan los ajustes presupuestarios. Stéphane Hessel, el escritor francés autor de ¡*Indignaos!*, dice en su breve pero difundido libro, a modo de conclusión:

"Convoquemos una verdadera insurrección pacífica contra los medios de comunicación de masas que no propongan como horizonte para nuestra juventud otras cosas que no sean el consumo en masa, el desprecio hacia los más débiles y hacia la cultura, la amnesia generalizada y la competición excesiva de todos contra todos".

Las admirables expresiones de deseo de Hessel chocan, sin embargo, contra la realidad concreta.

Volver a la política

El problema actual del mundo bajo la comandancia de la financiarización no es ni que el consumo sea en masa, ni la amnesia generalizada, ni la competición excesiva de todos contra todos. Se trata, más bien, de un sistema que concentra brutalmente la riqueza en cada vez menos manos, que ha decidido que el 30% (puede ser más) de la población económicamente activa ya no debería aspirar a un trabajo, que las políticas sociales logradas durante años de lucha por los trabajadores son un despilfarro de los Estados y que, en definitiva, pretende hacer retroceder el mundo a los tiempos del salvajismo tribal. Hoy hay mucho para pocos, nada para muchos. Pero una organización se combate con organización.

Sin la existencia de gobiernos (¡gobiernos!) que implementen políticas nacionales, regionales y finalmente internacionales capaces de arrebatarle el poder al parasitismo financiero que domina al mundo actual, no habrá insurrección pacífica alguna capaz de torcer el oscuro destino que hoy sobrevuela a la Humanidad.

El 20 de mayo de 2011, en Madrid, la llamada Asamblea del Sol elaboró y consensuó un programa de reformas ciertamente concreto y profundo. Allí, entre otras cosas, se pedía la implantación de la Tasa Tobin para gravar las transferencias financieras internacionales y la eliminación de los paraísos (guaridas) fiscales. También la nacionalización inmediata de las entidades bancarias rescatadas por los Estados; sanidad y educación libres, gratuitas y laicas, y la eliminación de la Ley de Extranjería, entre otras varias reformas.

Fue, sin dudas, uno de los mayores y más concretos aportes políticos a un eventual proceso de limitación al gobierno de los especuladores. Sin embargo, a tanto tiempo de distancia ya, nada de eso ha podido ser llevado a la práctica, y por una sencilla razón: no existe una fuerza política organizada capaz de alzar esos reclamos, convertirlos en votos y hacerlos realidad desde el Gobierno.

Lamentablemente, la maravillosa rebeldía de los distintos movimientos que enfrentan el neoliberalismo ha sido inoculada por el virus más efectivo con que cuenta el propio neoliberalismo: el desprecio por la política.

Si la política sale de escena, son los que no necesitan de los votos quienes se legitiman. Medios de comunicación, corporaciones de todo tipo, en especial financieras y poderes judiciales colonizados por todos éstos pasan a decidir la suerte de las distintas sociedades.

Sacar la política de en medio fue el principal objetivo de quienes proponen que los Estados sean simples observadores de lo que "los mercados" hacen con la sociedad; de las desigualdades; de las injustas distribuciones de las rentas; en suma, de la desvergonzada apropiación de la riqueza que esa sociedad produce.

La corrupción generalizada llegó a la política de la mano de la tiranía especulativa, que convirtió a los políticos en meros ejecutantes de las decisiones tomadas desde los centros financieros y no desde las casas de gobierno.

Pero además llegó con un objetivo preciso: deslegitimar el poder que las mayorías ejercen a partir del voto. Si todo es basura, si gane quien gane las elecciones nada cambiará a favor de quienes no tienen el poder del dinero, ¿qué sentido tiene ejercer la potestad del voto?

He ahí la lógica que las elites financieras procuraron (y con frecuencia lograron) inocular en las distintas sociedades del mundo.

Aceptar mansamente esa lógica impuesta por el poder financiero dominante es el mayor de los pecados que cometen los valiosos y combativos grupos de indignados.

Proclamar que su mayor fortaleza es no tener liderazgos ni representaciones es como decir que jamás les disputarán el gobierno a los políticos serviles ni a los tiranos de las finanzas.

Apéndice fotográfico

Todo lo que sube debe bajar

La crisis que se dio en Holanda, en el siglo XVII, fue pintoresca por ser una flor el objeto que dio pie a la especulación, pero su mecanismo no diferiría mucho del de otras. A la izquierda: *La locura de los tulipanes*, de Jean-Léon Gérôme (1824-1904). A la derecha: folleto publicitario de la venta de bulbos.

La burbuja de la Compañía de los Mares del Sur, cuadro de Edward Matthew Ward (1816-1879). Fue una de las más devastadoras crisis bursátiles del capitalismo, aunque la compañía siguió luego operando en el mercado especulativo y en la trata de esclavos.

JORGE ZICOLILLO

Toda crisis genera cambios

Pánico bancario en Nueva York, 1873. Ilustración de Frank Leslie para un periódico de la época. La Long Depression fue producto de la falta de regulación estatal y el librecambismo a ultranza.

Frederick Winslow Taylor (1856-1915), ingeniero y economista estadounidense que, luego de la crisis, generó un nuevo sistema de producción industrial y remuneración al trabajador.

Departamento de planchado en una empresa textil. Aunque las reformas del taylorismo comenzaron en la industria pesada, pronto se extendieron a otros rubros.

Guerra sangrienta y paz humillante

Horror en las trincheras. La Primera Guerra Mundial fue una de las más sangrientas contiendas de la historia de la Humanidad, y obedecía, como casi todas, a objetivos económicos.

Conferencia para la Paz, 1919. De izquierda a derecha: David Lloyd George (Gran Bretaña), Vittorio Orlando (Italia), Georges Clemenceau (Francia) y Woodrow Wilson (Estados Unidos). Las condiciones impuestas a los vencidos serían una nueva bomba de tiempo.

Los felices 20 y los duros 30

1925. El mito de la prosperidad ilimitada. Una multitud de bañistas goza del sol en el lago Michigan, Chicago. Estados Unidos fue el principal beneficiario de la Gran Guerra, y la dicha prometía ser eterna.

1930. Paradójica imagen. Una fila de negros hace espera para conseguir algún alimento, mientras aún se ve detrás una familia blanca que desde un afiche se jacta de las bondades del *American way of life*.

La era del fascismo

Arriba: Mussolini y Hitler. Abajo: Francisco Franco. La larga crisis de los años 30, la humillación que se arrastraba desde fines de la Gran Guerra y la "amenaza comunista" trajeron como consecuencia el nacimiento del fascismo. La Europa empobrecida, sumida en deudas y desocupación, acogió los cantos belicistas como oportunidad de cambio y revancha. Los movimientos de derecha crecieron en diversos países del continente.

JORGE ZICOLILLO

El nuevo orden internacional

Arriba: El imponente Mount Washington Hotel, en Bretton Woods, donde se realizó la histórica Conferencia de 1944. Abajo: Harry D. White (izquierda) y John M. Keynes (derecha), en los prolegómenos del debate. El inglés llevaba una propuesta más equitativa y democrática que el estadounidense. Pero ganó "el dueño del circo". Nacían el FMI y el dólar como moneda de referencia internacional.

LA DICTADURA DE LOS BANCOS

Rostros latinoamericanos de las crisis

Carlos Salinas de Gortari (izquierda), presidente de México de 1988 a 1994, y Ernesto Zedillo, su sucesor de 1994 a 2000. En plena transición entre ambos, estalló la Crisis del Tequila o el Error de Diciembre, que sería seguida por la crisis en Asia, con quiebras, desempleo y conmociones sociales a nivel global.

Carlos Saúl Menem. Sus dos periodos presidenciales sucesivos fueron de 1989 a 1999. Permeable a los designios del FMI y el Banco Mundial, liberalizó la economía, privatizó los bienes del Estado y dejó al país sumido en una crisis que habría de estallar pocos años después.

Una reacción espontánea y en ciernes

Protestas en la Puerta del Sol, de Madrid. El movimiento de Indignados tiene actividad en gran parte de Europa. En medio de una crisis sin precedentes, millones de personas en el continente deben seguir los mandatos de la troika conformada por el FMI, el Banco Central Europeo y la Comisión Europea.

Manifestación por las calles de México de la agrupación #YoSoy132. Su nombre alude a que cada uno se suma a la lista de 131 estudiantes que contestaron las declaraciones de algunos funcionarios públicos. Sus demandas iniciales se fueron ampliando y son solidarios con otros movimientos globales.

Bibliografía

- Becker, Joachim; *El endeudamiento externo de América Latina: un resumen histórico*, Montevideo: Coscoroba, 2007.
- Beinstein, Jorge; "El concepto de crisis a comienzos del siglo XXI. Pensar la decadencia", Buenos Aires; revista *Herramientas*, 2005.
- Campodónico Sánchez, Humberto; "De la crisis del sudeste asiático a la crisis financiera internacional. Impacto en América Latina y el Perú", Lima: *Revista de la Facultad de Ciencias Económicas de la Universidad Mayor de San Marcos*, 1998.
- Carcanholo, Reinaldo A. y Paulo Nakatani; "Capital especulativo parasitario *versus* capital financiero", México: revista *Problemas del Desarrollo*, vol. 32, núm. 124, 2001.
- Carro, Elio H. H.; "Historia y evolución de la deuda externa argentina", Buenos Aires: www.estudioscarro.com.ar, 2006.
- Chomsky, Noam; *El beneficio es lo que cuenta. Neoliberalismo y orden global*, Barcelona: Crítica, 1999.
- Davies II, Edward J.; *Consecuencias de la Primera Guerra Mundial*, Ensayos Históricos de Encarta.
- Drouin, Michel; *Le système financier international*, París: Armand Colin, 2001.
- Furtado, Celso; *La economía latinoamericana. Formación histórica y problemas contemporáneos*, México: Siglo XXI, 2001.
- González Paradela, Imanol; "South Sea Company, la burbuja de los Mares del Sur", www.suite10.com, Economía y Política, 2010.
- Gualdrón Sandoval, Jesús; *La izquierda y gobiernos alternativos en América Latina*, Bogotá: Centro de Estudios Espacio Crítico, 2007.
- Hessel, Stéphane; *¡Indignaos!*, Barcelona: Destino, 2011.
- Hitler, Adolf; *Mi lucha*, Barcelona: Ojeda, 2007.
- Hobsbawm, Eric; *Historia del siglo XX*, Barcelona: Crítica, 1998.
- Keynes, John Maynard; *Las consecuencias económicas de la paz*, Barcelona: Crítica, 1987.
- Lendoiro, Florencia; "Posición de la FED ayudó a frenar fallo de Griesa", Buenos Aires: diario *Ámbito Financiero*, 2012.

- Moreno, Marco Antonio; "El origen del desorden financiero y del desempleo global", *www.elblogsalmon.com*, 2010.
- Naranjo, Gloria; Richard Pett. *La maldita trinidad. El Fondo Monetario Internacional, el Banco Mundial y la Organización Mundial de Comercio*, Navarra: Laetoli, 2003.
- Navarro, Vinceç; "¿Quién define la confianza de los mercados financieros?", Madrid: *Diario Público*, 2012.
- Palast, Greg, y Jones, Meirion: "*Fondos Buitres*", piratas financieros del siglo XXI, Madrid: Attac, 2007.
- Ramonet, Ignacio; *Un mundo sin rumbo. Crisis de fin de siglo*, Barcelona: Debate, 1998.
- Rodríguez Morejón, Ángela; "Malasia frente a la crisis asiática", La Habana: *Revista BCC*, 2001.
- Rojas-Suárez, Liliana; "De la crisis de la deuda a la estabilidad económica: un análisis de la congruencia de las políticas macroeconómicas en México", México: *Economía Mexicana, Nueva Época*, vol. II, núm. 2, 1993.
- Silva, Sandra Susane; "La crisis de 1929", *www.zonaeconomica.com*, 2010.
- Stiglitz, Joseph E.; *Caída libre. El libre mercado y el hundimiento de la economía mundial*, Buenos Aires: Taurus, 2010.
- Timerman, Héctor; "África y América Latina luchan contra los buitres", Buenos Aires: diario *Página 12*, 2012.
- Trotsky, Leon; *Historia de la Revolución Rusa*, Madrid: Veintisiete Letras, 2007.

Índice

Introducción	7
Capítulo 1 Todo verdor perecerá	13
Capítulo 2 Salvavidas de oro y de plomo	25
Capítulo 3 Matar de hambre, morir de sobrepeso	39
Capítulo 4 Ciclos recurrentes	53
Capítulo 5 Cambios de paradigmas	69
Capítulo 6 El triunfo de la especulación	85
Capítulo 7 Recetas indigestas, remedios tóxicos	105
Capítulo 8 ¿La especulación o la gente?	125
Apéndice fotográfico	149
Bibliografía	159

En la misma colección:

Jorge Zicolillo
SUDAMÉRICA: LA NUEVA CENTRO IZQUIERDA
¿Estado de bienestar o demagogia?

Por estas páginas desfilan, entre otros, los casos de Hugo Chávez, en Venezuela; Néstor y Cristina Kirchner, en Argentina; Fernando "Lula" Da Silva, en Brasil; Evo Morales, en Bolivia; Rafael Correa, en Ecuador. Pero más allá de analizar las particularidades de cada experiencia y enumerar sus mayores éxitos y fracasos, Zicolillo traza un paralelo entre todas ellas y expone las condiciones reales en que debe moverse cualquier gobierno del subcontinente: el embate de los monopolios de la información, los términos de intercambio desventajosos, la asechanza de los sectores reaccionarios no dispuestos a ceder terreno.

Gabriel Glasman
EL CAMARADA INCÓMODO
La caza de León Trotsky por el poder stalinista

León Trotsky, héroe de la Revolución Rusa de 1917, sufrió el exilio a raíz de su enfrentamiento ideológico y político con Josef Stalin, el hombre fuerte del poder soviético. Asesinado en México, país que le concediera asilo, su nombre y sus obras aún respaldan organizaciones políticas en todo el mundo. Ésta es la trama de una tenaz persecución, y de un magnicidio ejecutado en tiempos en los que soñar un mundo justo parecía la única opción posible.

José Andrés López
¿LIBERTAD O LIBRE MERCADO?
Del Consenso de Washington a Vargas Llosa y las fundaciones neoliberales

La gran crisis de 1930 acabó con la idea de un capitalismo siempre creciente. Los defensores del "libre juego de la oferta y la demanda" se enfrentaron a quienes sostenían la intervención de un Estado regulador. Desde los centros de poder mundial, y sobre todo desde los Estados Unidos hacia América Latina, se fueron ensayando distintas estrategias para defender una supuesta libertad que no significaba más que protección de los propios intereses. En ese marco, se crearon y solventaron numerosas fundaciones que defienden en el subcontinente americano un liberalismo a ultranza, el mismo que se ha mostrado impotente en los países centrales y los ha llevado a una profunda crisis.

La dictadura de los bancos, de Jorge Zicolillo,
fue impreso y terminado en febrero de 2013,
en los talleres de Encuadernaciones Maguntis,
Iztapalapa, México, D. F. Teléfono: 56 40 90 62.

Realización editorial: Julio Acosta
(*julioacostaeditor@hotmail.com.ar*)
Corrección: María Soledad Gómez

www.ingramcontent.com/pod-product-compliance
Lightning Source LLC
Chambersburg PA
CBHW051521170526
45165CB00002B/558